개정증보2판 성공하는 리더의
글로벌 매너

김미자

Global Manner

 백산출판사

머리말

오늘날 국격(국가의 품격)을 높이는 일, 국가브랜드 가치제고는 어느 것보다도 중요하게 대두되고 있다. 글로벌 시대, 전 세계인들에게 대한민국의 훌륭한 품격을 보여주자는 것이다. 국민 개개인의 글로벌 매너, 에티켓은 한 국가의 품격인 국격을 나타내는 보여주는 것이기도 하다. 이러한 글로벌 매너, 에티켓은 하루아침에 완성되는 것이 아니며 우리 국민 모두의 끊임없는 노력에 의해 성취되는 일이다. 물론 이러한 매너나 에티켓의 근간에는 타인에 대한 배려, 법과 도덕의 준수, 인권 존중 등이 있어야 한다. 또한 우리 모두가 생활 속에서 실천해야 할 사항들도 있는데 모든 일의 우선순위에서 개개인의 인격 높이기를 첫 번째로 두고 개인이 무엇을 해야 하는지, 그리고 국가가 무엇을 해야 하는지를 생각해서 지속적으로 실천해야 한다. 겸손한 태도로 자신이 해야 할 일에 충실하고, 선행을 베풀면 언젠가는 모두가 그 진가를 알게 되어 국가의 품격이 향상되는 그 날이 올 것이다.

경쟁사회에서 우위를 선점할 수 있는 것은 기본에 충실했을 때 실현 가능성이 높아진다. 인간관계에 있어서도 마찬가지로 일시적인 목적을 위한 1회성의 인간관계는 상대로 하여금 관계의 진실성에 의구심을 갖게 할 수도 있으며, 부정적인 결과를 초래할 수도 있다. 매너는 인간관계에 있어서 지켜야 할 가장 기본적인 '배려' 또는 '고려'라 말할 수 있겠다. 상대를 배려하기 위해서 자신의 행동에 조심성을 기하고, 자신의 품위를 높이는 동시에 상대를 존중하는 것이 매너의 기본정신이다.

과학기술과 교통 · 통신 수단의 발달은 과거의 지리적 · 시간적 공간을 단축시켰으며, 이의 도움으로 세계의 경제 역시 보다 긴밀한 관계를 유지할 수 있게 되었다. 많은 사람들이 국가와 국가 간의 교역이나 경제활동에 참여하게 되었으며, 인터넷을 통해 수많은 사람들이 이 시간에도 국제적인 인적교류에 참여하고 있다.

타 문화권에 속해 있는 사람들과 교류를 하다 보면 '문화적 충격(cultural shock)'으로 놀랄 때가 있다. 자국에서는 인정되는 행동이나 언행에 상대방이 충격을 받을 수도 있고, 역으로 본인이 상대방으로부터 충격을 받을 수 있다는 것이다. 경제적 목적 달성을 위한 만남의 자리에서 문화적 차이로부터 발생되는 오해와 편견은 적게는 개인에게, 더 나아가 자신이 속해 있는 기업에도 부정적 영향을 미칠 수 있으며, 결과적으로 사업목적을 그르치는 결과를 초래할 수 있다. 따라서 현대인에게 있어서 타문화의 이해와 더불어 기초적인 국제매너(standardized international manner)의 필요성이 절실해졌으며, 이는 더 나아가 경쟁우위를 확보하는 가장 필수적인 기본소양이 된 것이다.

본 교재는 글로벌 리더로 성장하기 위해서 반드시 알아야 할 여러 가지 상황에 따른 매너들을 기본적인 개념의 설명과 함께 실용적인 측면의 내용들을 포함하였다. 매너가 개인 경쟁력의 기초 소양으로서 일상생활에서부터 취업면접 그리고 사업목적의 만남과 식사 매너, 더 나아가 국가브랜드와 글로벌 매너의 관계 등에 이르기까지 다양한 분야의 상황에 따라 정리를 하였다. 본 교재에서 다루어진 여러 가지 상황에 따른 매너는 현대적 추세에 따른 기본 매너에 충실하였고, 식사 매너의 경우 가장 일반적이고 기본적으로 지켜야 할 매너들로 정리하였으며, 국가브랜드와 글로벌 매너의 관계에 대해서 상황별로 정리하였다.

본 교재가 출간되기까지 관심과 배려를 아끼지 않은 백산출판사 진욱상 사장님, 진성원 상무님과 편집부 직원 여러분께 감사의 말씀을 드린다.

저자 씀

차 례

성공하는 리더의
글로벌 매너

제**1**장

매너의 개념과 역사

제**1**장

매너의 개념과 역사

과거 한국인의 생활형태는 고착식 집단촌락 형태에 근간을 두고 있었다. 지리적 조건이 갖추어지면 어김없이 촌락이 형성되었다. 이동식 목축업이 아닌, 정착식 농경문화를 바탕으로 촌락민들은 한 가족처럼 깊은 유대감을 형성하고 살았다.

한 곳에 평생을 정착해 촌락을 이루고 생활하는 삶의 방식은 두레나 향약과 같은 긍정적인 문화를 낳았고, 그 결과 촌락민의 강한 결속력과 협동심을 바탕으로 자신들이 소속된 촌락의 유지 번영에 노력을 집중하였다. 그러나 촌락중심의 삶의 방식은 많은 문제점을 가지고 있었다.

타문화에 대한 배타심과 경계심은 촌락사회 구성원을 점점 폐쇄적으로 만들었을지도 모른다. 외부를 향한 배타적이고 폐쇄적인 불안감이 촌락구성원들이 더욱 강한 결속력을 갖게 해주는 원인이었을 것이다. 그들만의 세상에서는 타지방의 생소한 문화와 관습이 불편하고 불필요한 것이었을지도 모른다.

물론 과거에도 그 시대별 상황별로 지켜야 할 예의범절이라는 것이 존재했지만, 이를 보다 세련되고 우아한 예의범절 문화로 승화하기까지 타문화 또는 타인에 대한 배타심이 오랜기간 장애가 되었을지도 모를 일이다.

　물론 과거 우리의 역사가 고구려, 백제, 신라 삼국으로 나누어져 독특한 각 지방의 문화를 형성하였고, 지리적으로 산이 많아 지방과 지방 사이 또는 촌락과 촌락 사이의 교류가 쉬운 일만은 아니었을 것이다.

　현재까지도 어려운 우리 민족의 화합과 더불어 개인의 속마음을 표현하고 남을 배려하는 마음이 서투른 것도 우리의 문화적 · 지리적 특성에 기인하는 바가 클 것이다. 외부로 열려 있지 않은 문화는 정체될 수밖에 없다. 마찬가지로, 매너도 타인을 배려하고 이해하려는 열린 마음(open-mind)이 아니라면 단순히 기계적 행동에 지나지 않는다는 뜻이다.

제1절　매너의 개념

　에티켓(etiquette)이란 용어는 서양에서 사람들 사이의 합리적인 행동기준을 가리킬 때 사용되었으며, 이를 행동으로 나타내는 것을 매너(manner)라고 하였다. 이러한 매너의 어원, 라틴어 '마누아리우스(manuarious)'는 '마누스(manus)'와 '아리우스(arious)'의 합성어이다.

　손을 뜻하는 마누스는 '우리의 행동이나 습관'이라는 의미로 발전하게 되었으며, 아리우스는 '방법' 또는 '방식'을 의미하게 되었다. 따라서 매너란 인간의 '행동방식'을 의미한다.[1]

　우리들은 보통 법을 지키면 손해라는 잘못된 생각을 많이 하는데, 국제사회에서

---

1) 원융희, 매너는 아름답다. 일선출판사, 1997. p.18.

이러한 생각은 금물이다. 법은 어떠한 경우라도 지켜야 한다는 생각이 국제사회의 상식이다. 세계화의 길목에 서 있는 우리는 법, 전통, 관습, 인격 등의 존중이 국제매너의 기본임을 잊지 말아야 한다.

나라마다 각기 다르다는 문화적 관행을 이해하면 별문제 되는 일이 없겠으나, '우리 식대로만' 고집하다가는 국제화에 앞서 망신만 당하기가 쉽다.

또한 다른 나라의 관습에 대해서 의아해 한다거나 부정적인 표현을 하는 것도 삼가해야 한다.

사실 문화라는 것은 어떤 특정한 기준이 없으며, 시비판단의 기준이 되는 것도 아니다. 그러므로 국제인이라면 다른 나라의 문화적 상대성을 있는 그대로 인정해 주고, 다소 불쾌한 기분이 들더라도 가능한 한 밝은 표정을 가지고 있는 그대로 따라주어야 한다. 국제화시대에 사는 사람의 가장 큰 무기는 바로 세련된 매너이다.

매너의 본질적인 특성은 다음과 같이 몇 가지로 압축할 수 있다.[2]

첫째, 강자가 약자를 보호하는 장치라는 데에서 찾을 수 있다. 양육강식이나 적자생존이라는 정글의 법칙이 지배하던 사회에서 약자를 짓밟는 자를 사회적으로 추방함으로써 안정과 질서를 유지하기 위한 것이 매너의 발단이었기 때문이다. 여성존중사상의 출발점도 같은 맥락에서 이해할 수 있을 것이다. 사회적 약자를 보호하기 위해서는 사회적 불평등을 조금이라도 해소함으로써 즐거운 사회를 건설할 수 있는 것이다.

둘째, 매너가 있는 사람은 사회적 위치와 관계없이 누구나 귀족이 될 수 있다는 것이다. 최고경영자라도 매너를 모른다면 종사원들은 그를 천박한 사람으로 여기고 멸시할 뿐더러 진심으로 따르지 않을 것이다. 세련된 매너는 귀족과 하층민을 구분해 주는 잣대로 사용되어 왔다. '노블레스 오블리제'라는 표현이 말해 주듯이 사회의 상층부에 소속될수록 보다 더 많은 매너를 지키게 된다. 따라서 매너는 한

---

2) 박한표. '손일락' 최호열 현대인과 국제매너, 한올출판사, 1999, pp.3~14.

사회의 상층부에 속해 있는 강자가 반드시 지키게 되는 것이며, 바꾸어 말하면 매너를 지킴으로서만이 사회의 상층부에 속할 수 있는 것이다.

셋째, 매너가 중요하긴 하지만 매너의 노예가 되어서는 안 된다. 우리가 살고 있는 현대사회에서는 인사와 예의를 제대로 갖추며 산다는 것이 그렇게 말처럼 쉽지 않다. 중요한 것은 형식이 아니라 상대를 진정 인간으로서 존중하는 진실한 마음인 것이다. 그러한 마음만 있다면 에티켓에 조금 어긋나거나 매너가 약간 거칠더라도 큰 문제는 안 될 것이다. 물론 세계 각국의 문화와 관습을 미리 공부해두는 것이 바람직하겠지만, 우리 문화를 다른 나라 사람들에게 잘 이해시키고 그들의 문화를 이해하려는 열린 마음만 가진다면 훌륭한 문화인이 될 수 있을 것이다.

1. 유사개념

(1) 예절

예절이란 인간 상호간에 나타내는 말수, 몸가짐 등 인간행동의 총체로서 법도에 맞는 모든 질서나 절차로 개인과 집단에 관한 인간규범이라 정의할 수 있다. 즉, '예절'이란 인간 상호간의 관계로부터 출발한다.

(2) 에티켓

현대적인 의미로서 에티켓이란 그 사회, 문화가 요구하고 있는 기본적인 예절을 인간 사이에 지키는 것이다. 과거에는 각 사회마다 그 차이가 심했지만, 세계가 통합되어 가고 있는 오늘날에는 국가간의 문화전통과 관습이 다른 예절, 즉 에티켓을 이해하고 존중하는 것이 상식이 되어 가고 있는 것이 사실이다.

예 절	에티켓
상호관계로부터 출발	나로부터 출발
개인과 집단에 관한 것	질서에 관한 것
인간규범	사회규범

에티켓이란 사회질서에 관한 것으로 상대의 인격이나 입장을 존중하여 마음을 상하지 않도록 하는 배려와 헤아림을 의미하며, 개념상 예절과 같이 구별되고 있다.

(3) 친절

매너와 유사한 개념으로 친절이란 상대를 편하게 배려해주는 것으로 정겹고 정성스러움을 나타내는 행위이다. 이는 상대가 원하는 것을 알아서 해주는 것이며, '친절행위'에 있어서는 속도와 타이밍이 중요하다.

2. 매너와 사회

과학기술의 발달과 세계경제의 글로벌화는 폭넓은 인적 교류를 필요로 하고 있다. 또한 사회구조 역시 복잡 다양하여 사람들의 요구도 다양화시켰으며, 이로 인해 광범위한 인간관계의 필요성이 대두되었다.

국가와 사회를 유지ㆍ발전시키는 원동력은 문화라고 할 수 있다. 국가와 사회의 구성원들은 독특한 문화의 영향을 받는 동시에 영향력을 행사하여 새로운 문화를 형성하기도 한다. 국가의 구성원들이 공유하는 문화에서부터, 가족들이 공유하는 문화에 이르기까지 그 영역은 광범위하다.

사람은 문화의 존재라고도 할 수 있으며, 인간의 위대함은 그들만의 독특한 문화에 영향 받고 새로운 문화를 형성해 사회를 발전시켜 나가는 지적(知的) 존재라는 데에서 찾을 수 있겠다. 자신도 모르는 사이에 여러 문화의 영향을 받으며 생활을 해온 개개인은 새로운 사람을 만났을 때, 자신과 다르게 생각하고 행동하는 모습에 일종의 충격을 받기도 하고, 그러한 충격을 완화시키기 위해 타인을 이해하려 노력한다거나, 적대시한다거나 또는 같은 모습에 동질감을 느끼기도 한다.

이 세상에 '나'와 똑같이 사고(思考)하고, 행동하고, 말하는 사람은 없다. 이질적인 성향의 개개인이 한 나라를 형성하고, 그들만의 사회를 형성하고 문화를 만들어간다는 것이 이이러니한 모습이기도 하다. 모두가 자신의 문화만을 고집하고, 자신의 의견만을 주장하고, 자신만이 옳다고 생각한다면 현대문명의 눈부신 발전을 경험할 수 없었을 것이다.

사람과 사람을 엮어주는 연결고리는 타인을 이해하고 설득하고 알고자 하는 지적 탐구의 노력일 것이다. 그러한 지적 탐구의 노력으로 사람과 그들이 속한 조직은 공통의 목표를 가지고 이의 달성을 위해 노력한다. 또한 목표 달성과 관련된 노력의 일환으로 사람들은 공통의 규칙과 법칙을 정하고 이를 준수하려 노력한다.

비즈니스 세계에는 비즈니스 세계에서 지켜야 할 공통의 규칙과 법칙이 존재하며, 학문영역에서도 지켜야 할 규칙과 법칙이 존재한다. 이러한 공통의 규칙과 법칙은 사람과 사람이 만나, 새로운 영역을 만들어가는 사회생활에서도 존재한다. 여러 가지 규칙과 법칙 중에서 가장 기초적인 것이 바로 매너, 에티켓, 예절, 친절 등으로 불리는 것들이다.

열린 마음으로 상대의 문화를 이해하고, 그들의 독특한 생활방식과 사고방식을 이해하는 정신에 기초를 둔 글로벌 매너로서 인간관계를 넓혀 간다면, 그것이 무엇이 되었던 간에 모두가 목표로 하는 성공적인 관계로 이어질 수 있을 것이다.

3. 매너와 경쟁력

현대 사회를 살면서 매너와 경쟁력을 나누어서 생각할 수 없을 만큼 매너는 성공과 직결되는 필수요건이 되었다. '매너가 비즈니스 경쟁력', '테이블 매너가 글로벌 경쟁력', '매너가 성공의 지름길' 등 실로 많은 표현들을 각종 매스컴을 통해 접하게 된다.

국제 비즈니스가 빈번한 현대 사회에서 기본적인 테이블 매너는 상대에게 좋은 호감을 주어 성공적인 결과를 낳게 하는 초석이 될 수도 있다. 비즈니스 리더가 갖추어야 할 덕목 중 하나는 매너다. 매너는 개인의 경쟁력을 넘어 기업의 경쟁력이 자 더 나아가 국가경쟁력을 좌우하게 되었다.

실패한 기업의 리더들은 실패의 원인 중 한결같이 상대방에게 호감을 주지 못했다는 점을 꼽는다. 매너는 이처럼 열린 마음으로 상대를 인정하고 배려하는 데서 오는 호감이라 할 수 있다. 리더가 고집하는 방향으로 조직을 이끄는 일방적 리더십보다는, 직원 개개인의 숨은 능력을 일깨우고 발전시켜 적재적소에서 그 능력을 발휘할 수 있도록 하는 따뜻한 배려가 돋보이는 매너 리더십이 필요한 시대라 할 수 있다.

매너의 생활화는 잦은 해외 출장과 빈번한 인적 교류만으로 축적되는 것은 아니다. 무엇보다 중요한 것은 타인을 배려하고, 타인을 편하게 해주고자 하는 마음에서 진정한 매너의 생활화가 시작된다고 할 수 있다. 이러한 이유로 고객을 만족시키고, 감동시키고자 하는 서비스 기업에서도 '진심'이라는 무기가 사용된다.

진정으로 우러나는 '친절정신'이 고객을 만족시키고, 더 나아가 감동을 주기 때문이다. 상대가 나를 진심으로 배려한다고 느낄 때 사람과 사람 사이의 관계 고리는 더욱 강해질 수 있다는 것이다.

■ 얼짱, 몸짱 비켜라 … '매너 짱' 나가신다!

한 번 만나면 두 번 만나고 싶고, 기꺼이 힘이 되어주고 싶은 사람이 있다. 성실하며 신뢰가 가고, 절로 '닮고 싶다'는 마음을 갖게 하는 이들이다. 주변 사람들을 자신의 후원자로 만드는 능력, '좋은 매너'를 갖추고 있기에 가능한 일이다.

미국 컬럼비아대학 MBA 과정에서 유수 기업 CEO(최고경영자)들을 상대로 '당신의 성공에 가장 큰 영향을 준 요인이 무엇인가'를 조사했다. 응답자의 93%가 '대인

관계의 매너'를 꼽았다. 같은 대학이 또 최근 실시한 다른 조사에서도 CEO들 중 85%는 '원만한 인간관계 및 다른 사람과의 공감 능력'을 최고의 성공요인으로 내세웠다. 미국에서 최근 10년간 직장을 잃은 사람들의 첫 번째 해고 원인(95%)은 업무 수행능력 부족이 아니라 '인간관계능력 부족' 때문이었다 한다.

■ 매너는 평판이다

매너가 좋은 사람은 평판이 좋다. "이쪽에서 식사대접을 했는데도 별 인사가 없는 사람이 있는가 하면, 어떤 분은 자신이 밥값을 내고도 다음날 이메일로 '즐거운 식사였다. 감사하다'는 메시지를 보내온다. 누구에게 더 마음이 가겠는가." 이미지설계 전문가인 이종선 IDC 대표의 말이다. 이 대표는 "이제 학위나 자격증으로 실력이 판가름 나는 시대는 지났다"며, "능력이 상향평준화한 지금, 성공을 결정짓는 최대 요소는 원활한 커뮤니케이션"이라고 강조한다. 때문에 이미지 컨설턴트나 PI(President Identity) 전문가들은 "매너란 마음의 문을 여는 열쇠"라 설명한다. 경륜있는 재계인사들의 생각도 크게 다르지 않다.

코오롱그룹 김주성 고문은 "변하지 않고 오래가는 것은 역시 그의 매너와 인간관계"라고 말했다. 매너 전문가로 유명한 대전 프랑스문화원 박한표 원장 역시 "가슴이 뜨겁고, 타인의 마음을 읽을 줄 알고 그의 마음을 알기 위해 자신의 마음을 조절할 줄 아는 사람이 성공한다"고 역설한다. "매너는 배려하는 마음을 통해 무에서 유를 창조하는 것이다. 누구든 목표를 이루려면 반드시 협력자가 필요한데, 호감을 얻기 위해선 좋은 매너가 필수이기 때문"이라는 것이다. 그는 또 "실패한 삶의 이면에는 늘 인간관계의 문제가 있다"고도 했다.

■ 매너는 '삶의 방식'이다

옷 잘 입고 테이블 매너에 능숙하다 해서 매너가 좋은 것은 아니다. 좋은 매너란 마음과 인격 그 자체다. 자제심과 성실성, 적당한 유머, 자존심까지도 갖추고 있어야만 좋은 매너가 나온다. '매너'와 '에티켓'의 차이를 따져보면 그 의미를 쉽게 알 수 있다.

에티켓이 '형식'이라면 매너는 그를 '일상에 적용하는 방식'이다. 박한표 원장은 "매너란 사람마다 갖고 있는 독특한 습관이나 몸가짐을 뜻한다. 아무리 에티켓에 부합하는 행동이라도 매너가 나쁘면 품위 있는 인간으로 대접받기 어렵다"고 설명한다. 예를 들어 웃어른에게 인사하는 그 자체는 '에티켓'이지만, 경망하게 하느냐 공손하게 하느냐는 매너의 문제라는 것. 그 때문에 프로급 매너 컨설턴트들은 파티 매너보다 타인에 대한 배려와 칭찬, 관심을 더욱 강조한다.

박한표 원장은 "매너는 습관의 총집합이다. 끊임없이 노력하고 실천하다 보면 어느 순간 '바뀐 나'를 발견하게 될 것"이라고 조언했다.

'예라고' 대표인 이미지 컨설턴트 허은아씨는 "컨설팅 대상자들에게 그들의 말과 행동을 녹음 또는 녹화해 보여주면 '내가 정말 이러냐'며 굉장히 당황한다. 자신에게 '문제가 있다'는 것을 깨닫는 게 매너 좋은 사람이 되는 첫걸음"이라고 밝혔다. 허 대표는 또 "성공한 사람들은 확실히 다르다. CEO들은 같은 지적도 아랫사람보다 더 심각하게 받아들이고 더 열심히 고치려 노력한다. 당연히 성과도 금방 나타난다"고 했다.

■ 매너는 감동이다

인터넷 서핑을 하다 '소심쟁이'란 닉네임의 여성 누리꾼(네티즌)이 자신의 블로그에 올린 글을 발견했다. 요약하자면 이렇다.

같이 근무하다 외국계 회사 상무로 자리를 옮긴 분이 있다. 어느 날 그 상무님 일행이 프로젝트를 논의하러 우리 회사를 방문했다. 팀장이 급하게 나오더니 내게 "커피 5잔만 가져다 달라"고 했다. '커피 심부름에 너무 예민해지지 말자'고 다짐했지만, 막상 외국인과 내 또래 남자직원까지 앉아 있는 모습을 보니 마음이 복잡해졌다. 그때였다.

상무님께서 모두가 알아들을 수 있도록 영어로 말씀하셨다. "이분은 A사의 크레디트 애널리스트입니다. 다음 번에는 함께 프로젝트를 진행하게 되겠지요. 고맙게도 우리에게 커피를 가져다 주셨으니 모두 땡큐라고 해주세요." 썰렁하던 분위기가 순식간에 밝아지면서 모두 내게 고맙다는 인사와 함께 박수까지 쳐주었다. 상무님이 너무도 고마웠다.

이종선 대표는 이런 사례도 들려주었다.

중소기업을 운영하는 A 사장은 한 결혼식장에서 중요한 거래처 대표인 B 사장을 만났다. 반갑게 인사했는데도 B 사장은 별 말 없이 자리를 떴다. 마음이 몹시 불안해진 A 사장은 두 사람을 다 잘 아는 C씨에게 고민을 털어 놓았다. C씨가 이유를 묻자 B 사장은 이렇게 답했다. "보니 A 사장 옆에 아드님이 계시더군요. 거기서 얘기가 길어지면 혹 그 아드님이 '왜 우리 아버지가 나이도 젊은 사람을 이렇게 어려워하나' 마음을 쓸 것 같아 서둘러 자리를 피한 거지요."

이 이야기를 전해들은 지인들은 모두 B 사장의 배려에 탄복하며, 그를 더욱 믿고 인정하게 됐다. 진심에서 우러나온 매너는 이렇게 공감과 신뢰, 감동을 불러온다.

■ 매너는 '역지사지'다

매너가 좋은 사람은 입장 바꿔 생각할 줄 안다. 말 그대로 '역지사지(易地思之)'다. 매너 전문가들은 "상대의 처지에서 생각하는 것이야말로 매너의 기본"이라 입을 모은다. 그 때문에 매너가 좋은 사람들 중에는 한 때 '을'의 입장이었던 사람들이 적지 않다고 한다. 처음부터 '갑'이었던 이들은 타인의 마음과 처지를 헤아리는 데 아무래도 서툴다는 것.

이와 관련해 고전처럼 이야기되는 일화가 있다. 영국 엘리자베스 여왕이 중국의 고위관리와 식사를 하게 됐을 때의 이야기다. 서양식 테이블 매너를 모르는 중국 관리가 핑거볼(식사 전 손가락 씻을 물을 담아 내놓는 그릇)의 물을 마셔버리자, 엘리자베스 여왕 또한 태연한 얼굴로 자신의 핑거볼 물을 마신 것. 여왕의 행동은 '에티켓'에는 어긋나지만 최선의 매너가 아닐 수 없었다.

이렇게 매너가 좋은 사람은 '관계에 대한 감수성'이 뛰어나다. 그냥 입장 바꿔 생각하는 것이 아니라, 그 사람의 성격과 처지가 되어 그 앞에 있는 '나'를 바라보는 것이다. 20세기 초 독일 사회학자 로버트 엘리아스는 '매너의 역사-문명화의 과정'이란 책에서 "매너란 사회적 약자를 보호함으로써 사회적 불평등을 조금이나마 해소하기 위해 만들어진 것"이라 설명했다. 이 이야기는 매너가 좋은 사람이 곧 '사회지도층'이며, 그렇지 않은 이는 아무리 돈이 많고 지위가 높아도 결코 진정한 의미의 리더가 될 수 없음을 뜻한다.

■ 매너는 자기애(自己愛)다

매너가 좋은 이는 사회생활을 하고 타인을 만나는 일이 즐겁다. 영어를 잘하면 외국인을 만나도 부담없이 일을 해나갈 수 있는 것과 같은 이치다. 그 때문에 프랑스에서는 매너를 '삶을 멋지고 성공적으로 영위할 줄 아는 방법'이라고 정의하기도 한다.

매너가 좋은 사람은 자신을 존중하고 사랑하는 사람이다. 열등감에 사로잡힌 사람, 내가 잘되기보다는 남이 못되기를 바라는 사람은 진정한 '젠틀맨'이 될 수 없다. 자신감 있고 따뜻한 미소를 지을 줄 모르기 때문이다. 이종선 대표는 "세상에서 자신이 제일인 줄 알고 타인을 배려할 줄 모르는 사람을 만나면 그 인생에 동정심마저 느껴진다"고 했다. 내 행동이 나의 가족, 동료, 친구와 이웃에게 어떤 영향을 끼칠가를 염두에 두고 행동하는 것. 그로써 사회적 비용을 낮추고 나도 남도 함께 행복한 공동체를 만들어가는 것. 그것이 바로 매너이기 때문이다.

■ 재계의 매너남 / 혼다코리아 정우영 사장

혼다코리아 정우영(56) 사장은 '중후한 50대 신사'의 표본 같은 인물이다. '몸에 착 붙는다'는 표현이 어색치 않은 슈트, 독특하고 세련된 구두, 자신감 넘치는 걸음걸이. 하지만 무엇보다 정 사장을 빛나게 하는 건 그의 밝은 미소와 직원에 대한 세심한 배려다. 인터뷰 중에도 그는 차를 날라 온 여직원에게 "노란 스웨터가 참 환하고 예쁘다"는 '덕담'을 잊지 않았다. 회식을 하면 직원들 수저까지 챙기고 고기도 직접 굽는다고 했다. "매너는 무엇보다 자기만족입니다. 매너있게 행동하면 내 기분도, 다른 사람 기분도 함께 좋아지거든요. 또 노력이 필요하기 때문에 그만큼 자기관리에 더 많은 신경을 쓰게 됩니다."

정 사장은 기업인인 만큼 "무엇보다 '일에 대한 매너'를 지키는 것이 중요하다"고 역설한다. "1시간 안에 보고하겠다고 했으면 그 시간을 지키고, 120%의 역량을 발휘하기 위해 노력해야 합니다."

일본산 브랜드의 사장인 탓에 한·일관계가 긴장돼 있을 땐 본의 아니게 난감한 상황에 처하기도 한다. "누군가 민감한 질문을 던지면 전 '혼다는 일본 기업이 아니라 글로벌 기업이다, 세계 130개국에 진출해 있는 만큼 일본은 혼다의 세계 130개 시장 중 하나일 뿐'이라고 설명합니다. 또 혼다라는 글로벌 기업에서 제가 무엇을 배우고 느꼈는지를 설명하지요."

정 사장은 "누구나 그렇지만, 특히 비즈니스맨에겐 신뢰가 생명"이라며, "작은 약속 하나라도 어기지 않고, 협력업체 사람들에게도 예의와 배려를 다하는 것이 기본"이라고 강조했다.

이나리 기자 byeme@donga.com

제2절 에티켓의 유래

에티켓(etiquette)의 원뜻은 프랑스어로 'Estiquier(나무말뚝에 붙인 출입금지)'란 말이다. 이는 베르사유 궁전을 보호하기 위해 정원의 화원 주변에 말뚝을 박아 행동이 나쁜 사람이 들어가는 것을 방지하기 위해서 처음으로 사용되었다.

에티켓은 궁정예절로 정착되어 오다가 르네상스 이후 인간적인 측면이 강조되면서부터 엄격한 형식을 탈피하고 실제의 인간생활에 필요한 생활규범으로 대중들 사이에 파고들기 시작했다. 이것이 오늘날 널리 사용되고 있는 에티켓의 유래이다. 현대에 와서는 동·서양 어느 곳을 막론하고 누구나 지켜야 할 지구촌의 상식으로 깊이 뿌리내리게 되었다.

또 다른 '에티켓'의 유래는 원래 프랑스 말로 '꼬리표' 또는 '티켓'을 뜻하는 말이었다. 과거 왕실에서는 궁정인이나 각국 대사의 주요 순위를 정하고, 그에 수반하는 예식의 절차를 정한 후 그 내용을 적은 티켓을 나눠 주었다. 루이 13세의 왕비(王妃)이며 루이 14세 초기까지 섭정한 안 도트리시의 노력으로 이 궁정에 에티켓이 발달하여 루이 14세 때에는 이것이 완전히 정비되었다. 그것이 시초가 되어 사람들은 예의에 맞는 행동을 "에티켓대로 행동했어!"라고 말하게 되었다. 그러나 루이 16세 때 그 엄격성이 해이해지고, 또한 혁명으로 인해 일단 쇠멸했으나 나폴레옹이 다시 이를 부활시켰다고 한다.

이러한 궁정예절은 후에 영국 및 스페인 왕실 등 서구사회로 파급되었으며, 결국 부르주아 사교계의 관례를 준수시키기 위해 지급되었던 바른 행실을 적은 에티켓이 오늘날 '옳다고 생각되는 행위'나 '바른 처신'이라는 어의로 변천되어 일반인에게까지 보편화된 것이다.

■ 에티켓 이야기

• 화장실이 없는 베르사유 궁전과 에티켓의 유래

　　루이 14세가 베르사유에 호화스런 궁전을 짓고 이를 바탕으로 화려한 문화를 꽃 피운 사실은 너무도 유명하다. 베르사유 궁전이 완성되어 루이14세가 이 궁전으로 옮겨 살게 된 것은 1682년의 일이었다. 루이 14세는 각 지방의 영주들을 불러 이 궁전 안에서 살게 하였으므로 당시 이 궁전에는 약 천 명의 귀족들과 4천여 명의 궁신들이 살았다.

　　게란트(Roger-HenrGuerrand)가 쓴 〈화장실문화사(Les Lieux. Historie des Commdites)〉를 보면 프랑스 베르사유 궁전에는 화장실이 없었다고 한다.

　　당시 궁전을 출입했던 수많은 귀족들이 그들의 배설물을 어떻게 처리했는지를 상상하면 그저 아찔해질 뿐이다. 그들은 사람들의 눈을 피해 건물의 구석 벽이나 바닥 또는 정원의 풀숲이나 나무 밑을 이용했다고 한다. 이와 같은 일이 비단 베르사유 궁전에서만 일어난 것은 아니었다.

　　파리의 유명한 샤르르 가르니에의 오페라 하우스도 마찬가지였다. 관람객들은 몇 시간이건 변욕을 스스로 참아 내거나, 그렇지 않으면 각자가 용기를 지참하는 수밖에 없었다.

　　루이 14세가 그때까지 살던 파리의 루블 궁정을 버리고 베르사유 궁전으로 옮긴 이유도 루블 궁전이 오물로 뒤덮여 더 이상 살 수 없었기 때문이었다. 어쨌든 왕이 개인적으로 사용하는 화장실 외에는 베르사유 궁전 안에 화장실이라고 불릴 만한 곳은 단 한 군데도 없었다.

　　그 와중에서도 베르사유 궁전에서는 하루도 거르지 않고 밤마다 화려한 무도회가 열렸으니, 이들은 부득이 정원의 꽃이나 잔디를 밟고 용무를 해결할 수밖에 없었을 것이다. 궁중 무도회에 초대된 귀족들은 휴대용 변기를 지참하여 생리적인 응급 대비를 하기도 했으나 오물을 비우는 일은 하인들의 몫이었다.

　　이들이 오물을 버리는 곳 역시 으슥한 정원구석이었고 궁에서 생활하는 궁신들의 배설 또한 이러했다고 하니, 오물로 덮인 궁전의 실상을 짐작하고도 남음이 있다. 무도회에 참석할 때 여성들은 커다란 모피 주머니에 휴대용 그릇을 넣고 다녔다. 그

것은 지름 25cm 정도의 길쭉한 도기로서 손잡이가 달린 것이었는데, 하이라이스 소스를 담는 그릇같이 생긴 것이었다.

■ 에티켓의 유래

당시 궁전의 정원관리인은 화단과 정원의 보호를 위해 통로를 표시하는 안내판을 세웠다. 안내판을 프랑스어로 '에티켓'이라 한다. 그러나 아무도 이 안내를 지키지 않았으므로 루이 14세는 직접 이 안내를 따르도록 지시했다. 그 후 에티켓이라는 말은 '예의를 지킨다'는 뜻으로 확대되어 오늘날까지 사용하게 되었다고 한다. '베르사유 궁전에 화장실이 없었다'는 것이 개인용 변기조차 없었다는 말은 아니다. 루이 11세는 이미 이동식 클로렛 스툴(clset-stool : 의자식 좌변기로 그 가운데 구멍을 뚫어 분뇨를 받을 수 있게 한 것)을 사용하고 있었다.

그는 그의 변기에 특별한 약초를 넣어 분내를 회석(稀釋)시키도록 했다. 루이 왕조는 대대로 이러한 변기를 사용했다고 전해진다. 15세기의 것은 자개를 이용, 꽃과 새 문양으로 화려하게 장식하여 왕의 위엄을 세우고자 했다.

그것은 왕좌와 마찬가지로 신하의 알현 등 공적 업무로 사용되기도 했기 때문이었다. 루이 13세는 이미 이 왕좌에 앉아 신하를 접견했다고 하며, 루이 14세가 맨테논 부인과의 결혼을 발표한 것도 이 왕좌(좌변기)에서였다고 전해지고 있다. 루이 14세 시대의 베르사유 궁전의 재산목록에는 274개의 이런 의자식 좌변기가 있었다.

그 중 208개는 의자 속에 쟁반같은 것을 내장한 것이었으며, 66개는 쟁반이 설합 속에 밀폐되어 있는 것이었다. 폴란드와의 전쟁 후에는 그 모양이 바뀌어 몇 권의 책을 쌓아 놓은 모양의 변기가 사용되었다. 실제로는 변기인 이 책의 제목들은 〈야만국 여행기〉나 〈파리의 미스테리〉 등으로 적혀 있었으며, 변기 쟁반이 차면 하인이 그것을 빼내어 밖에 버리고 다시 사용하였다. 이와 같은 고급가구는 유명한 실내 장식 업자들에 의해 제조, 납품된 것으로 검은 비로드 등으로 장식되었으며, 이 분뇨를 받아내는 쟁반은 은(銀) 등의 고급 금속 제품이었다. 때로는 이러한 호화 변기 옆에 소형 탁자를 두어 문서를 읽거나 쓸 수 있게 했다.

출처 : http://www.shinwa.net/pandora

제3절 국가브랜드, 국격과 글로벌 매너

국가 이미지는 어떤 국가에 대하여 사람들이 갖는 다양한 정보를 바탕으로 형성된 종합적이고 복합적인 심상으로 경제, 국민, 자연환경, 기술, 사회, 역사, 정치, 문화 등에 의해 영향을 받는다(Kotler & Gertner, 2002). Roth와 Romeo (1992)는 국가 이미지는 역사, 정치, 문화, 외교, 경제, 사회 및 문화, 예술, 스포츠적 요소가 복합적으로 작용하여 형성된다고 보았다.

Martin과 Eroglu(1993)는 요인분석을 통해 국가 이미지가 정치적 차원, 경제적 차원, 기술적 차원이라는 세 가지의 국가 이미지 구성요소를 제시하였다. 한충민(1994) 또한 국가 이미지를 제도적 이미지, 국민 이미지, 협력국가로서의 이미지로 크게 분류하였다. 제도적 이미지로는 경제적·문화적·정치적·사회적 이미지 등을, 국민의 이미지로는 근면성, 교육성, 정직함 등을, 협력 국가로서의 이미지로는 경제적 협력·정치적 협력 등을 제시하였다. 이처럼 국가 이미지에 관한 대부분의 연구들은 국가 이미지가 국가의 경제적 발전, 정치적 분위기, 문화적 발전, 교육정도, 부유함, 국가의 크기, 인구밀도, 인종과 같은 요소들로 구성되며 이들 요소에 의해 영향을 받는다는 것을 제시하였다(오미영, 박종민 & 장지호, 2003).

Anholt(2005)는 국가브랜드를 '국가 경쟁력의 6가지 영역에 걸친 소비자 인식의 합'이라고 전제하고, 각 영역에 대한 인식을 측정하였으며, 이를 국가브랜드 지수(NBI: Nation Brand Index)라 칭하였다. 즉 국가브랜드 구성요인인 '관광', '수출', '국민', '정책 및 행정', '문화 및 유산', '투자 및 이민' 등은 국가 이미지 형성의 원천(source)이 되며, 따라서 이러한 요인들이 국가브랜드 개성에 대한 영향요인이라 하겠다.

브랜드란 라틴어로 '각인시키다'는 뜻으로 이집트의 피라미드 벽돌에 새긴 상형

문자에서 기원한 것으로 알려져 있다. 다시 말해 이집트의 벽돌공이 만든 사람이 품질을 책임진다는 의미로 자신의 이름을 벽돌에 새겨서 사용한 것이 지금의 '소비자의 마음속에 인지된 정도'라는 뜻을 지니게 된 것이다.

국가브랜드란 브랜드의 개념을 국가에 적용한 것으로 특정 국가 또는 특정 국가의 집단이나 제품, 서비스를 식별하고 다른 국가와 구별하도록 의도된 이름 및 이에 따른 용어, 기호, 심벌, 디자인 또는 이것들의 조합이라고 한다. 한 국가의 자연환경, 국민, 역사, 문화, 전통, 정치체제, 경제수준, 사회 안정, 제품, 서비스, 문화 등의 유형 또는 무형의 정보와 경험을 활용하여 내·외국민들에게 의도적으로 심어주고자 기획된 상징체계로 국내·외 소비자들이 특정 국가의 비전에 주목하게 하고, 제품 서비스의 품질을 신뢰하게 만드는 것이다.

1. 국가브랜드의 중요성

브랜드 자산은 한 브랜드와 그 브랜드의 이름 및 상징에 관련된 자산과 부채의 총체라 할 수 있는데 브랜드 자산이 제품이나 서비스 형태로 기업과 그 기업의 고객에게 제공하는 가치를 증가시키거나 감소시키는 역할을 한다.

또 강력한 국가브랜드의 구축은 정치, 경제, 사회, 문화 등 각 분야에서 광범위한 후광효과를 이끌어 낼 수 있는 중요한 요인으로 정치적 차원에서 강력한 국가브랜드의 구축은 국가의 대외적인 위상을 높여주고, 외국과의 교류활동을 원활하게 수행하는 데 기여한다. 경제적 차원에서 강력한 국가브랜드는 자국 제품의 경쟁력을 강화하는 동시에 기업과 제품의 브랜드 가치를 향상시키는데 도움을 주며 사회적·문화적 차원에서 강력한 국가브랜드는 국민의 결속력을 증대하고, 사회통합 및 갈등해소에 기여하며, 선진적인 문화 환경을 조성하는데 도움이 된다.

2. 국가브랜드의 역할

첫째, 국가브랜드 이미지와 제품 또는 기업브랜드의 관계를 상호 후광효과를 발휘하는 대상으로 바라보는 것이다. 둘째, 국가브랜드 이미지와 음식 및 관광산업을 연계하는 관점으로 음식 및 관광산업에서 국가브랜드 이미지는 관광객들이 관광목적지를 선택하는데 영향을 미치는 중요한 변인으로 간주한다. 셋째, 투자대상으로서 국가브랜드 이미지는 오늘날 많은 국가들은 안정된 일자리 창출과 이를 통한 경기활성화를 목적으로 외국기업의 투자를 적극적으로 유치한다.

3. 국민의 글로벌 매너를 통한 국격(국가의 품격) 제고

'국격'은 '국가의 품격'의 줄임말이다. 국격을 높이는 일, 국가브랜드 가치제고는 오늘날 어느 것보다도 중요하게 대두되고 있다. 글로벌 시대, 전 세계인들에게 대한민국의 훌륭한 품격을 보여주자는 것이다. 국민 개개인의 글로벌 매너, 에티켓은 한 국가의 품격인 국격을 나타내어 보여주는 것이기도 하다.

이러한 글로벌 매너, 에티켓은 하루아침에 완성되는 것이 아니다. 우리 국민 모두의 끊임없는 노력에 의해 성취되는 일이다. 우리나라에서 개최되는 국제적인 회의나 행사 때만 캠페인성으로 해서 이루어지는 일은 결코 아님을 명심했으면 한다. 국제적 행사 때만 관심을 끌게 되는 일회성이 되어서는 물거품이 되고 말 것이다. 물론 이러한 매너나 에티켓의 근간에는 타인에 대한 매려, 법과 도덕의 준수, 인권 존중 등이 있어야 한다-작게는 '외국인 관광객에게 바가지를 씌우지 말자'부터, 크게는 '가난한 나라들에 경제적, 기술적, 문화적 지원을 해주자'까지. 그밖에도 '안전의식을 높이자', '장애인, 인종 차별을 하지말자', '유머 감각 있는 사람이 되자' 같은 우리 모두가 생활 속에서 실천해야 할 사항들도 있다.

상당수의 우리나라 여행자들은 여행비 지출을 일종의 달리기 경주처럼 생각하는 경향이 있다. 누가 얼마나 더 싸게 샀느냐에 따라 승패가 갈리는 경기 말이다. 그러다 보니 현지인 가격보다 더 싸게 산 것을 가지고 무슨 무용담처럼 자랑하는 여행자들 탓에 한국인 여행자를 꺼리는 현지 상인들을 심심찮게 만날 수 있다. 많은 해외 여행지에서 바가지 상혼이 판을 치는 것도 사실이고, 더 많은 여행지에서 '현지인 물가'와 '여행자 물가'가 공존하는 것 또한 사실이다. 하지만 우리보다 소득수준이 낮은 나라의 물건을 그 나라 사람들과 같은 가격에 산다는 것이 과연 공정한 거래일까? 여행자 물가에 과민한 반응을 보이면서 현지인들의 눈살을 찌푸리게 만드는 행태를 이제는 한번쯤 돌아보아야 할 것이다.

캠페인이나 국제회의 유치 같은 행사에 큰 비중을 두어 단기간에 국격을 높여 보이겠다고 서둘러서는 안 되는 이유는 모든 일의 우선순위에서 개개인의 인격 높이기를 첫 번째로 두고 개인이 무엇을 해야 하는지, 그리고 국가가 무엇을 해야 하는지를 생각해서 지속적으로 실천해야 한다.

국내적으로도 어려운 사람들이 많은데 무엇 때문에 해외 원조를 하느냐고 비판하는 사람들이 있다. 하지만 이는 좁은 시각이다. 우리가 가난하고 어려웠던 시절, 우리에게 아낌없는 도움을 주었던 당시의 선진국들도 국내적으로 어려움이 적지 않았다. 그럼에도 불구하고 그들은 우리를 도와주었고, 그들의 도움 덕분에 우리나라는 빠른 발전을 도모할 수 있었다. 그리고 이제는 거꾸로 우리의 발전이 그들에게 덕이 되어 돌아가게 되었다. 바로 원조의 선순환이다. 이것을 간과하면 안 된다.

우월감보다 나라의 낮은 국제적 인지도에 대한 열등감의 표출은 외국인들을 불쾌하게 만든다 - 누구나 잘난 척 하는 사람과는 가까이 하고 싶지 않듯이. 겸손한 태도로 자신이 해야 할 일에 충실하고, 소소하게 여러 나라에 선행을 베풀면 언젠가는 모두가 그 진가를 알게 되어 국가의 품격이 절로 향상되는 그 날이 올 것이다.

 매너이야기

■ 내 나라의 얼굴, 글로벌 에티켓

한 해 해외로 여행을 떠나는 관광객 수가 1600만 명을 기록하는 오늘날, 글로벌 에티켓은 이제 여행자들에게 여권과도 같은 필수사항이 되었다. 한 나라의 국가브랜드를 평가하는 기준이 되는 글로벌 에티켓, 그 기본 매너를 알아본다.

해외에 나가는 순간 여행자는 곧 그 나라를 대표한다. 개인의 행동이 자국민의 이미지를 좌우하고 문화 수준을 평가하는 척도가 되는 것이다. 최소한 여행지로 선택한 나라의 문화와 가치관을 존중하는 자세가 무엇보다 중요하다.

여행 국가의 관습과 정서를 사전 조사하여 함께 하는 관광객은 물론 현지인들에게 큰 불편을 끼치지 않도록 주의하는 자세가 요구된다. 일례로 이슬람 국가에서는 모르는 여성과 사진 찍는 것을 큰 실례로 여긴다. 또한 프랑스에서는 물건을 만져보고 비교 구매하는 우리문화와 달리 물건에 손을 대는 것을 예의 없는 행동으로 여기고 뉴질랜드에서는 물건 값을 깎는 관습이 전혀 없으므로 가격 흥정을 하려다 망신을 당할 수 있으므로 주의한다.

과거 '한국 방문의 해'를 맞아 다양한 국제 행사를 치러낸 국내에서도 문화 선진국으로 거듭나기 위한 노력이 이어지고 있다. 한국관광공사와 국가브랜드위원회가 만든 애플리케이션, '글로벌 에티켓의 달인'도 그 중 하나다. 인사법, 식사, 교통수단, 공연 관람, 대사관 연락처 등 기본 정보부터 나라별 주요 소식 등의 다양한 콘텐츠가 들어 있어 여행 준비 단계부터 상황별 대처에 이르는 여러 가지 도움을 얻을 수 있다. 글로벌 시대에 맞는 교양과 예의를 갖추고 세계 속의 한국인으로서 그 위상을 높여 국가브랜드 가치를 제고할 수 있는 선진문화를 위해 노력하는 자세가 요구된다.

오혜진 아마그램 에디터

제4절 프로토콜(외교 의전)과 글로벌 매너

우리는 세계화 시대에 살고 있다. 우리나라 기업이 제조한 스마트폰을 전 세계 각국에서 소비하고 있다. 한편 이 스마트폰을 자세히 들여다보면 스마트폰을 구성하는 부품들이 세계 각지에서 생산된 제품임을 알 수 있다. 이러한 세계화의 흐름 속에서 국가 간의 만남이나 행사는 중요한 일부로 자리 잡았다. 국가 간 행해지는 프로토콜, 의전 속에서 각국은 경제적·외교적·문화적 이득을 취하기도, 손실을 보기도 한다.

실제 외교현장에서 의전과 관련한 실례를 저질러 논란이 되기도 한다. 해당 국가의 언어가 아닌 다른 나라의 언어로 인사를 건네는 한편 국가의 이름을 다르게 적기도 했다. 또한 각국 정상 간의 사진촬영에 늦는 일까지 발생하면서 오히려 의전이 중요한 국가 의제로 떠오르는 경우도 있었다. 역사적으로 볼 때 일부 국가에서는 의전이 잘못되었거나 서로가 높은 자리에 오르기 위해 다툼을 벌이는 경우도 있었다.

1. 의전의 의미

의전은 좁은 의미에서는 국가의 행사와 국가 간의 행사, 고위급 인사의 영접에서 행해지는 국제적 예의(국가의전)를 의미하지만 넓게는 한 사회에서 함께 살아가는 공동체로서 개개인이 지켜야 할 예의범절(사교의례)을 포함한다. 외교 의전 역시 세밀하게 본다면 한 사람 한 사람 개개인을 포함하고 있다는 점에서 의미의 경계를 넘어서는 면이 존재한다고 볼 수 있다.

- 국가의전 : 국가행사 시 의전, 주권국가 간 외교행사에 있어 행해지는 의전, 외교사절의 파견과 접수, 국가원수 및 고위급 인사의 방문과 영접에 따른 의전 등.
- 사교의례 : 소개, 연회, 주류, 예약, 팁, 자리배정 등.

2. 의전의 유래

'의전'은 영어로 'Protocol, Etiquette, Good manners' 등으로 말할 수 있다. 이 중 의전을 번역할 때 가장 흔하게 사용하는 단어인 'Protocol'의 유래를 살펴보자. Protocol은 그리스어의 'Protokollen'에서 유래한 단어로 맨 처음을 의미하는 'Proto'와 붙인다는 뜻의 'Kollen'을 더한 단어이다.

원래는 단어의 뜻 그대로 문서의 맨 앞장에 붙여 공식적인 효력을 발휘한다는 의미로 사용되어 왔지만, 외교관계에서 사용되는 정부 및 외교의 문서 양식으로의 의미로 옮겨오게 되었다. 이런 단어의 유래로 미루어 볼 때 프로토콜, 즉 의전은 외교관계에서 가장 첫 번째로 지켜야 할 일련의 약속이라고 할 수 있다.

3. 의전의 성격

일반적으로 의전을 생각할 때 답답하고 격식에 얽매여 있다고 생각하기 쉽다. 물론 그러한 면이 있기는 하지만 상황에 따라 고려해야 할 점 역시 많다.

의전은 형식에 기초한다. 형식은 관행이 축적되어 온 결과이다. 형식을 딱딱하다고 생각할 수 있지만 지켜야할 무언가가 있다는 것은 따를 수 있는 방법이 있다는 것을 의미하기도 한다. 이런 방법을 토대로 각 상대는 서로에 대한 예의와 격식을 매너에 어긋나지 않게 지킬 수 있게 되는 것이다.

이렇게 의전이 형식에만 의존하는 것은 아니다. 상황과 배경에 따라서 의전이 달라지기도 한다. 문화의 차이에 따른 의전의 변화가 일반적이다. 술을 마시지 않는 나라의 손님에게 포도주 대신 주스를 내놓는다거나 소고기를 먹지 않는 나라의 손님에게 다른 종의 고기를 제공한다는 등의 경우를 생각해볼 수 있다. 문화적인 차이뿐만 아니라 그 순간 닥친 상황에 따라 의전이 달라지기도 한다. 예를 들어 오른쪽이 상석이라는 일반적인 의전 상식에서 손님이 다리를 다쳐 해당 위치에 서기 불편할 때 이를 고려해 자리를 바꿔 배치하는 방식 등으로 상황에 따라 유연하게 대처할 수 있는 것도 중요한 의전의 일부라고 할 수 있다.

4. 의전의 효과

의전은 한 국가가 다른 국가에게 할 수 있는 유·무형의 대화의 총체라고 할 수 있다. 의전 양식을 통해 국가는 상대에게 존중을 표하기도 하며 때로는 불쾌감과 거부의 의사와 같은 긴장감을 전달하기도 한다. 악수를 하는 경우만 하더라도 서로 목례를 하는 경우, 꼿꼿이 서서 상대를 바라보는 경우를 생각해 볼 수 있다. 이를 보기만 해도 서로 얼마나 유대관계가 있는지 적대감을 보이는지 느낄 수 있을 것이다.

5. 의전의 중요성

국제적인 성격을 가지는 의전이 잘못되었을 경우 국가 간의 마찰이 일어나기도 하는데, 이는 의전이 한 국가를 대표하는 성격을 가지기 때문이다. 이로 인해 의전이 부실하게 준비되었거나 격식에 맞지 않는 의전이 제공될 경우 해당 국가에서 불쾌감을 드러내기도 한다. 일부 국가의 의전에서 지나치게 화려한 대접으로 당혹감을 주는 경우가 생기기도 한다. 외교 의전은 한 국가가 다른 국가를 대하는 방식이며 나라 사이의 친밀감과 우호감을 나타낸다는 점에서 그 중요성이 크다고 할 수 있다.

 매너이야기

■ 의전 이야기(대통령의 선물)

전 · 현직 대통령이 받은 선물 가운데 김일성 주석의 자수액자(박정희 전 대통령), 중앙아프리카공화국 콜링바 대통령의 산돼지 이빨 한 쌍(전두환 전 대통령), 북측 수뇌부의 '불로주'(노태우 전 대통령), 장쩌민 중국 주석의 벼루와 동양화(김영삼 전 대통령), 브루나이 국왕의 모형 대포(김대중 전 대통령), 태국 탁신 총리의 초상화(노무현 대통령) 등 독특한 선물들이 많다.

각국의 정상들이 주고 받은 선물 가운데 자크 시락 프랑스 전 대통령이 미국 부시 대통령에게 선물한 책도 인상적이다. 시락 대통령은 미국의 민주주의에 대한 외국인의 관찰 가운데 가장 뛰어난 것으로 평이 난 알렉시스 드 토크빌의 '미국의 민주주의'라는 책자 1850년판 한 질 2권을 선물하였는데, 현재 이 책의 가치는 1천 5백만 달러가 넘는다고 한다.

우리나라 대통령이 외국 정상에게 선물을 할 때는 한국의 아름다운 전통미를 널리 알릴 수 있는 도자기, 자개보석함 등 전통제품을 주로 선정하는데 2004년 12월 영국을 국빈 방문한 노무현 대통령은 엘리자베스 2세 영국여왕에게 임권택 감독의 영화「취화선」, 이창동 감독의 영화「박하사탕」, 「초록물고기」, 「오아시스」DVD를 선물한 적이 있다.

한편 상당수의 국가에서는 선물 관련 법령 혹은 지침을 마련하여 공무원이 직무와 관련하여 선물을 수령할 수 없도록 제한하고 있으며 비영리 목적으로 선물을 수령하더라도 가격이 미화 약 100불에서 200불 사이를 초과하지 않도록 규정하고 있다.

만약 상한액을 초과하는 경우, 초과금액을 국가에 지불한 후 개인이 소장하거나 또는 수령 선물을 국가에 귀속시키도록 하고 있기 때문에 대부분의 국가에서는 외국 정상 등 귀빈을 위한 선물을 준비할 때 고가의 선물보다는 자국을 상징할 수 있는 선물을 마련하는 것을 선호한다.

출처 : 외교부

성공하는 리더의

글로벌 매너

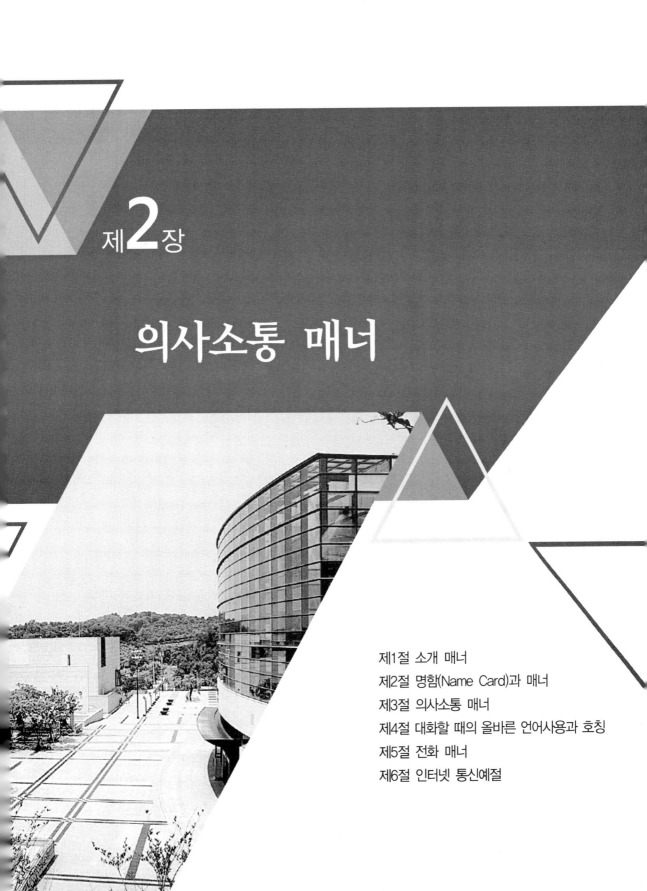

제**2**장

의사소통 매너

제2장

의사소통 매너

　자신의 생각과 의도를 타인에게 전달하는 것을 의사소통이라 한다. 사람들은 살아가면서, 어떠한 형태로든 사회생활을 하게 된다. 학교라는 사회, 군대라는 사회, 직장이라는 사회 등 우리는 사회라는 범주 안에서 여러 사람들과 만나게 된다. 사람과 사람 또는 사람과 조직 사이에서 의사소통이라는 것은 일상생활에서의 단순한 대화에서부터 각각이 원하는 목적의 달성에 이르기까지 가장 기본이 되는 요소라 할 수 있다.

　의사소통의 전달방식에 문제가 있다면 원활한 의사소통이 어렵게 되며, 목적의 달성이 어렵게 된다. 사람들과 대화를 하다보면, 같은 내용의 의사전달이라도 이해하기 쉽고 기분 좋은 대화를 하는 사람이 있는가 하면, 불쾌하고 이해하기 어려운 의사전달을 하는 사람들을 종종 만나볼 때가 있다.

　이는 의사전달 방식의 문제일 수도 있으며, 어투나 매너 등과도 관계가 깊다고 할 수 있는 문제들이다. 따라서 이번 장에서는 소개, 인사, 전화 등의 의사소통, 즉 커뮤니케이션(communication)에 있어서 지켜야 할 매너에 관해서 살펴보기로 한다.

사람과 사람 사이의 관계는 소개를 통해 시작된다. 소개(紹介)의 사전적 의미는 "모르는 사이를 알고 지내도록 중간에서 관계를 맺어 주는 것"을 뜻한다. 자기소개란 '나'를 모르는 사람에게 내가 직접 '나'를 알리는 것이며, '타인 소개'는 내가 중간에서 타인과 타인의 관계를 맺게 하는 중간자로서의 역할을 하는 것이다.

보다 세련되고 성숙한 사회로 발전하면서 소개의 매너가 중요하게 되었다. 짧은 시간 안에 얼마나 효율적으로 자신을 소개하는가에 따라서 사람들은 특정인에 대한 호감을 갖게 되며 강한 인상을 갖게 된다. 입사면접 시에도 자기소개는 개개인의 능력을 검증하는 필수적 요건이다. 왜냐하면, 짧은 시간 안에 논리적이고 효율적이며 강한 인상을 심어줄 수 있는 자기소개는 입사지원자가 가지고 있는 의사소통 능력을 보여줌으로써 조직의 목적을 달성하는데 필요한 사람인지를 가늠하게 해주기 때문인 것이다.

타인을 소개하는 경우, 먼저 정확한 정보를 전달하는 것이 중요하다. 소개를 하는 사람의 정확한 이름과 기타 중요한 정보 등을 정확하게 전달하여 소개를 받는 사람이 잘못된 정보로 인하여 실수하는 일이 없도록 하여야 할 것이다.

1. 소개하는 순서

모임이나 행사에서 동행한 손님 또는 내가 아는 사람을 제3자에게 소개를 해야 하는 상황이 있다. 이때 지켜야 할 소개매너들에 관해서 살펴보자.

① Always Lady First! 여성에게 남성을 먼저 소개하며, 기혼녀, 미혼녀 순으로 소개하도록 한다. 하지만 남자가 연장자이고 사회적 지위가 높은 경우 여성을 남성에게 소개하는 것이 매너이다.

② 연령과 사회적 지위가 각각 다른 경우에는 일반적으로 사회적 지위를 우선하여 지위가 낮은 사람을 지위가 높은 사람에게 소개하는 것이 매너이다. 지위에 상관없이 연령이 다를 경우에는 연령이 낮은 이를 연장자에게 소개하는 것이 매너이다.

③ 같은 나이, 같은 지위에 있는 동성의 경우, 소개하는 사람과 친한 사람을 먼저 하는 것이 자연스럽다. 동료직원과 손님의 경우에는 손님에게 동료직원을 먼저 소개하는 것이 매너이다.

④ 많은 사람을 소개해야 하는 경우, 왼쪽에서부터 소개하는 것이 자연스럽다.

⑤ 지명도가 낮은 사람을 지명도가 높은 사람에게 소개한다.

2. 자신을 소개할 때

① 자리에서 일어나 바른 자세로 자신을 소개한다. "안녕하십니까?" "처음 뵙겠습니다."라는 말과 함께, 자신의 이름과 직업 또는 회사를 정확하게 발음하여 소개한다. 너무 딱딱하지 않으면서, 가볍지 않게 상대방에게 호감을 줄 수 있어야 한다. 영어로 소개를 해야 하는 경우라면, 본인의 이름 앞에 Mr. 또는 Mrs.와 같은 존칭은 사용하지 않으며, "I am Gildong Hong"과 같이 full-name을 사용하는 것이 좋다. "I am Mr. Lee"와 같은 표현은 절대 쓰지 않는다.

② 입사면접과 같은 자리에서의 자기소개는 짧은 시간 안에 자신을 효과적으로 표현하는 것이 중요하다. 자신을 표현할 수 있는 가장 적절한 단어를 선택함으로써 자신을 소개하는 것도 하나의 방법이다. 너무 장황하지 않고, 추상적이지 않도록 하면서 면접자의 호감을 이끌어 내는 것이 중요하다.

③ 모임이나 행사장에서 처음 보는 사람들에게 접근하여 자신을 소개해야 할 때가 있다. 이럴 때에는 명함을 미리 준비하는 것이 좋다.

대화중인 사람들에게 불쑥 명함을 내밀거나, 말을 건네는 것은 삼가야 한다. 옆에서 조용히 기다렸다가, 대화가 끝나면 명함을 건네면서 자신을 소개하도록 한다. 본인의 소개가 끝나면 간단한 대화를 이어가는 것도 중요하다.

3. 소개받을 때의 방법

①소개를 받을 때에는 소개하는 사람, 소개받는 사람 모두가 자리에서 일어나는 것이 매너이다. 연령, 지위의 고하를 막론하고 소개를 주고받을 때에는 반드시 자리에서 일어나야 한다.

②소개 대화중에 상대의 이름을 불러주는 것은 친근감의 표현이자 호감의 표현이다. 소개받는 사람의 이름을 확실히 듣지 못했다면, 정중히 "다시 한 번 성함을 말씀해 주시겠습니까?"하고 물어보거나, 다른 사람에게 조용히 물어보는 것이 매너이다.

③소개가 끝난 후 자연스러운 분위기로 이어질 수 있도록 가벼운 이야기를 하는 것이 매너이다. 종교, 정치, 개인적 문제 등의 대화주제는 삼가는 것이 좋다.

■ 소개의 5단계

①동성끼리 소개말을 주고받을 땐 함께 일어선다.

②성직자, 연장자, 지위가 매우 높은 사람을 소개받을 때에는 남녀관계 없이 일어서는 것이 원칙. 다만, 환자나 노령자는 예외다.

③남성이 여성을 소개받을 때에는 꼭 일어설 필요가 없다.

④파티를 주최하는 여성(호스티스)은 상대가 남성이라도 얼어서는 것이 예의다.

⑤동성간의 소개라면 악수를 하는 것이 보통이지만, 이성간일 때엔 여성 쪽에선 간단히 목례와 미소를 보내는 것으로 충분하다. 연장자가 악수 대신 간단한 인사를 했다면 연소자도 이에 따른다.

⑥우리나라에선 소개를 받으면 명함부터 내밀고 보는 것이 관례지만 외국은 그렇지 않다. 사교모임에서는 명함을 거의 주고받지 않으나, 명함을 교환해야 할 때 오른손으로 악수하며 왼손으로 명함을 꺼내드는 실수는 하지 않도록 한다.

- 1단계 : 자리에서 일어선다.
- 2단계 : 상대방의 눈을 바라보며 즐거운 표정을 짓는다.
- 3단계 : 악수나 인사를 한다.
- 4단계 : 인사를 하면서 상대방의 이름을 반복한다.
- 5단계 : 대화가 끝난 후에는 마무리 인사를 한다.

4. 소개받은 후의 대화와 헤어짐

처음 대면하는 사람에게 자신을 소개하고 자연스러운 분위기로 이어가는 것이 생각처럼 쉬운 것은 아니다. 서로의 소개가 끝나고 자연스러운 분위기로 이어지기 위해서는 가벼운 주제의 대화가 어색한 분위기를 다소 누그러뜨릴 수 있다.

대화의 주제는 정치, 종교, 금전, 신체 또는 개인의 신상과 관련한 내용은 삼가는 것이 좋으며, 문화, 예술, 여행, 스포츠 등 가장 편하게 접근할 수 있으면서 서로의 공감대를 형성할 수 있는 것들이 좋다. 대화를 할 때에는 혼자서 일방적으로 말하거나 또는 조용히 앉아서 듣기만 하는 것도 매너가 아니다.

소개를 주고받은 후 헤어질 때도 지켜야 할 매너가 있다. 인원이 적은 규모의 파티에서 먼저 자리를 떠나야 하는 경우, 소개받았던 모든 사람들에게 인사를 한다. 규모가 큰 행사 또는 파티의 경우 호스티스 또는 호스트와 자기 주변의 사람에게만 인사하면 된다. 다른 사람들의 주의나 시선을 끌지 않도록 작은 목소리로 정중하게 이야기하며, 작별인사를 받는 사람 역시 일어서는 것이 매너이다.

제2절 명함(Name Card)과 매너

명함은 옛날 중국에서 대나무를 깎아 이름을 적은 데서 비롯되었다고 한다. 오늘날에는 인쇄한 명함을 사용하는 것이 보통이고, 외국에서는 주로 이름만 적는데, 한국에서는 이름 외에 주소·전화번호·직장·직위 등을 기입한다. 명함의 모양·크기도 나라마다 여러 가지인데, 현재 한국에서 사용하고 있는 것이 일반적이며, 영국·미국에서는 여성용 명함이 크다. 재질도 종이에 국한하지 않고, 인화지나 플라스틱을 사용한 것, 얇은 철판을 이용한 것도 있다. 이 밖에 자신의 컬러사진을 곁들인 명함도 등장하는 등 다양해지고 있다.

명함은 자기를 소개하는 것이므로, 명함에 대한 약속사항을 지켜야 한다. 이 약속사항은 한국보다도 유럽·미주 국가들이 더 상세히 규정하고 있다. 예컨대, 자기 스스로 방문한 것을 나타낼 때에는 명함의 모서리를 꺾어 둔다. 이 경우 이름의 첫 글자 쪽을 꺾는 것이 보통이다.

타인의 명함을 부탁받았을 때에는 꺾어서는 안 된다. 명함만을 두고 올 때에는 방문의 뜻을 간단히 적어 둔다. 경사(慶事)나 상사(喪事) 등과 관련해서 외국에서는 'P.r.(문안)', 'P.f.(축하)' 등의 약칭도 정해져 있다. 또 생일에는 'Happy birthday to you', 크리스마스에는 'Merry Christmas', 여성에게 꽃을 선물할 때에는 'In loving memory' 등으로 적는 것이 예의이다.

사교장에서도 명함의 교환은 친교를 약속하는 뜻이 있으므로, 단순히 이름을 알릴 때에는 명함을 교환할 필요가 없다. 명함을 교환할 때에는 아랫사람 쪽에서 먼저 내며, 받은 사람은 그것을 잘 보고 난 다음 자기 명함을 건넨다. (출처 : 네이버 백과사전)

1. 명함 표기법

명함이란 것은 명함을 건네는 사람의 이름, 신분 그리고 연락처 등을 표기함으로써 사람과 사람의 관계를 맺어 주는 매개체로서의 역할을 한다. 구두로서의 자기소개와 더불어 명함을 건네는 것은 상대방에게 보다 확실하게 자신의 존재를 알리며, 정확한 정보를 제공하는 역할을 한다.

(1) 명함에 표기되는 항목

명함에는 자신의 이름과 소속되어 있는 직장의 로고(logo) 또는 심벌(symbol), 회사이름, 연락처, 이메일 주소 등 향후 언제라도 연락 가능한 정보를 제시할 수 있어야 한다.

명함은 첫눈에 보았을 때 조잡하거나 복잡하지 않도록 가급적 심플하면서 강한 인상을 줄 수 있는 것이 좋다. 하얀 종이 위에 이름과 전화번호만 적혀 있는 명함은 자칫 성의 없거나, 신용이 좋지 않은 것처럼 비쳐질 수도 있다. 너무 화려하지도 단순하지도 않은 디자인의 명함이 좋다.

국제화 시대의 도래로 많은 외국인들이 한국에 상주하고 있으며, 사업을 목적으로 방문하는 외국인이 많아졌다. 비즈니스를 하는 사람뿐만이 아니라, 보다 폭넓은 인적교류를 위해서 명함의 전면에는 한국어를, 뒷면에는 영어로 표기하는 방식이 널리 쓰이고 있다.

2. 명함 주고받기와 매너

(1) 명함의 보관

명함은 자신을 나타내는 상징이다. 명함은 항상 새것처럼 깨끗하고 반듯한 상태를 유지할 수 있도록 해야 한다. 명함을 건네주고자 하는 사람을 만났을 때 간혹 명함을 찾지 못해 당황하는 경우가 있다. 명함을 찾기 위해 지갑을 뒤적인다거나 옷 안의 주머니 이곳 저곳을 뒤적이는 행동은 프로페셔널하지 못한 행동이다. 가급적 명함을 넣어두는 명함전용 지갑이나 케이스(case)에 넣어 쉽게 꺼낼 수 있도록 하는 것이 좋다.

인터넷 사용자의 급증으로 이메일을 통한 교류가 활발해지기도 하였지만, 여전히 현대의 비즈니스 또는 인적교류에 있어서 명함의 역할은 실로 중요하다. 건네받은 명함을 일목요연하게 정리해 놓는다면 향후 지속적 인적교류를 유지하는 데 많은 도움이 된다.

〈명함 지갑〉

(2) 교환요령

명함은 반드시 명함 지갑에서 꺼내고 받은 명함도 명함 지갑에 넣는 것이 좋다. 명함은 윗사람이 먼저 꺼내주면 아랫사람이 받은 후 전달하는 것이 기본이며, 이때 반드시 오른손으로 주고받으며, 오른쪽 끝을 엄지와 집게손가락으로 잡고 전달한다. 상대방이 알아보기 쉽게 이름 있는 방향으로 전달하고, 받은 명함을 바로 넣는 것보다 테이블 위에 두고 이름을 익히는 것이 좋다.

특히 받은 명함을 바로 지갑 또는 호주머니에 넣는다거나, 테이블 위에 그냥 내

동댕이치는 일은 크나큰 무례일 수 있으니 각별히 신경을 쓰는 것이 좋겠다.

①명함을 건네주고자 하는 사람에게 명함의 위쪽을 잡고 정중하게 건넨다.

②명함을 받은 사람은 두 손으로 명함의 밑 부분을 잡아서 정중하게 건네받는다.

③동시에 명함을 주고받는 것은 매너가 아니므로 삼가도록 해야 한다.

④건네받은 명함을 한번 쳐다보고 바로 지갑 속에 넣는다거나, 호주머니에 넣는 것은 큰 결례이다. 명함을 건네받은 순간 공손히 받쳐 들고 상세히 살펴보고 잠시간 탁자 위에 놓아두는 것이 매너이다. 대화중 명함을 접거나 구겨서는 안 되며, 이름이 한자로 표기되어 있을 경우 모르는 한자를 물어보는 것은 결례가 되지 않는다.

제3절 의사소통 매너

의사소통이란 것은 자신의 생각과 의지를 타인에게 정확하게 알리는 것을 뜻한다. 의사소통의 방식에는 말과 글, 그리고 행동 등으로 표현할 수 있다. 즉 인간의 1차적인 의사소통 방식을 언어(입말)라고 하면 문자는 2차적인 의사소통 방식이다.

의사소통에 있어서 가장 중요한 것은 의사를 전달하고자 하는 사람이 정확하게 자신이 생각하고 의도하는 바를 왜곡 없이 정확하게 전달하고 전달받는 데에 있다.

1. 말하기의 중요성

언어에는 눈에 보이지 않는 힘이 존재한다. 그것이 비록 물리적인 힘은 아니지만, 말로 인해 사람들은 상처를 받기도 하며, 용기를 얻기도 하고 사랑하는 이들은 말로써 사랑의 감정을 증폭시키기도 한다. 이렇듯, 말이라는 것은 어떻게 표현하는지에 따라서 사람에게 긍정적이면서 호감 가는 인상을 줄 수 있으며, 반면에 자신의 부주의하고 어설픈 말투나 말솜씨로 인해 예상하지 못한 상황에 부딪힐 수도 있다.

말하는 어투나 말의 표현방식, 즉 대화의 수준으로 사람의 인격과 성품을 미루어 짐작할 수 있다. 물론 보이는 것이 사람의 전부일 수는 없으나, 일반적인 사회생활에 있어서 타인에게 호감을 주고 긍정적인 이미지를 형성하는 데 말(言)만큼 중요한 것이 없다고 할 수 있다. 대화를 함에 있어서는, 상대를 이해하고 배려하는 마음이 우선시되어야 한다. 자신의 말투나 잘못된 표현방식으로 상대가 오해를 하지 않도록 해야 한다. 거짓 없이 사실적으로 말하되, 진솔하면서 진지해야 하며, 비위 맞추기나 아부가 아니면서 상대의 기분을 상하지 않도록 하는 것이 중요하다.

대화의 기술이나 표현방식의 성숙함은 많은 자기 수양과 지식의 겸비에 있다. 다듬어지고 세련된 대화를 하는 것은 자존감을 높일 뿐만 아니라, 상대의 감정 상태와 대화 결과에 있어서도 효과적이다. 부드러우면서 정확한 의사전달이 대화의 기술에 있어서 핵심이며, 상대의 기분을 상하지 않게 하면서 자신의 의견을 피력하고 관철시키는 것이 중요하다.

■ 정중하고 완전한 말을 습관화하라.

"완전한 말"

　기업체 신입사원들을 대상으로 한 교육에서 가장 어려운 분야는 언어표현에 관련된 것이다. 가령 말을 반 토막으로 하는 습성을 고쳐 완전한 문장으로 표현할 수 있도록 훈련하는 것 등이다. "잠깐만요", "네?" 하는 따위의 표현은 그런 말을 쓰는 상황에 관련된 여러 가지 의미를 생략한 표현이다. 경우에 따라 몹시 무례하고 불쾌하게 느껴질 가능성이 많은 부실한 표현이다. 그러나 이러한 불완전한 표현은 뜻밖에도 우리 주변에서 많이 사용되고 있다.

　직장에서 고객을 대상으로 이런 말을 쓴다는 것은 제대로 예를 갖추지 못한 모습이 된다. 고객은 바로 이런 말 하나하나로부터 영향을 받는다. 마치 무슨 명령이라도 내리듯 일방적으로 "잠깐만요" 하기보다는 "잠시만 기다려 주시겠습니까?" 하는 것이 한결 부드럽고 양해의 뜻도 담겨 있어 좋다. 그냥 "네?"라고 따지기라도 하는 듯한 말보다는 "죄송합니다만, 다시 한 번 말씀해 주시겠습니까?" 하고 정중하고 완전하게 표현하는 습성이 필요하다.

　이는 "알았어요."와 "네, 잘 알겠습니다."에서 느껴지는 차이처럼 상대방에 대한 마음의 상태를 표현하고 있기 때문이다. 이처럼 정중하고 완전한 말을 습관화하면 그 말을 표현하는 사람 자신의 인격도 순화된다.

"상대를 위한 표현"

　이심전심으로 '상대방이 내 속마음을 알아주겠거니' 하고 생각한 탓인지, 아니면 무엇인가 쑥스러운 구석이 있는지, 여하튼 우리들에게는 요긴하게 필요한 곳에 말을 쓰지 않는 경향이 있다. 하지만 구체적인 말로 표현을 해서 상대방에게 이쪽의 생각을 전달한다는 것은 매우 효과적이기도 하지만, 가장 기본적인 예의이기도 하다. 짧은 한마디가 우리 생활에 신선한 자극과 윤활유의 구실을 한다는 점을 기억해 두어야 할 것이다.

2. 말하기의 자세와 요령

(1) 대화의 자세

대화를 할 때에는 먼저 상대를 배려하고 이해하는 마음을 가지고 있어야 한다. 대화 상대자가 그 누구든 간에 상대의 마음을 헤아리고 이해하면서 대화에 임한다면, 보다 유쾌하고 긍정적인 대화를 할 수 있다. 대화의 내용이 항상 유쾌할 수만은 없을지라도 상대를 이해하면서 자신의 생각과 의지를 전달하고자 노력한다면 그렇지 않은 경우보다는 훨씬 긍정적인 효과가 있을 것이다.

성공적인 대화의 요점은 말의 간단명료함이다. 장황하지 않으며 차갑지 않은 명료함은 상대에게 신뢰를 주고 설득을 하는 데 효과적이라 할 수 있다. 거짓과 가식이 없는 진솔한 대화가 무엇보다 중요하다. 어떻게든 상대를 설득하려 또는 자신의 의견을 관철시키려고 거짓과 위선으로 자신을 포장하면 일시적으로 현혹되는 사람들도 있겠지만, 대다수의 사람들은 그런 거짓 포장에 부정적인 모습으로 반응하기 마련이다. 따라서 진솔하면서 타인을 이해하고 배려하는 마음이 대화에 있어서 가장 중요한 전제조건이라 할 수 있겠다.

표 2-1 대화의 일반적인 목적

목적	반응	성질
• 감동시킨다. • 이해시킨다. • 행동하게 한다. • 알려준다. • 즐겁게 해준다.	• 인상적이다(정적인 반응) • 환식, 동의, 승인(지적인 반응) • 납득하여 눈에 띄는 행동(동적인 반응) • 명확한 이해 • 관심·흥미를 갖고 즐긴다.	• 설득적·호소적 • 교훈적 • 호의적

(2) 대화의 요령

① 말할 때

• 상황적 주제에 따라서 다양한 표정으로 상대의 말에 공감하고 경청하고 있다는 표현을 한다.

- 말을 할 때에는 상대의 눈을 응시하되, 째려보거나 올려보거나 또는 위에서 아래로 내려 보지 않는 적당한 시선에서 바라보고 이야기한다. 또한 전문적인 언어는 자칫 상대를 무시한다는 오해를 불러일으킬 수도 있으므로 가급적 공감이 가는 언어를 선택하여 논리적으로 말해야 한다.
- '에~', '음', '마', '저기' 등의 불필요한 버릇은 듣는 이로 하여금 거부감을 일으킬 수 있으므로 사용하지 않도록 한다.
- 맑은 목소리, 적당한 높낮이, 정확한 발음, 적절한 얼굴 표정과 제스처(gesture)로 호감을 줄 수 있어야 한다.

② 들을 때
- 진지한 표정으로 때론 미소로서 경청한다.
- 경청을 할 때에도 상대의 눈을 적절한 시선으로 바라본다.
- 상대의 의견에 공감을 하는 경우에는 적절한 표현으로 맞장구를 쳐준다.
- 자신의 의견이나 견해와 다른 생각을 말한다고, 중간에서 말을 가로막지 않는다. 끝까지 경청을 하는 것이 중요하다.
- 친한 사이가 아니라면, 팔짱을 낀다거나 거북한 모습으로 앉지 않도록 한다.
- 상대의 말과 관련한 진지한 생각을 하다보면 자칫 시선을 딴 곳으로 둘 수 있다. 대화상대가 존중되고 있다는 느낌을 받을 수 있도록, 시선을 자주 마주치도록 한다.

③ 대화할 때의 주의사항
- 상대방의 이야기를 도중에서 끊지 않도록 한다. 또한 이야기 도중 관련 없는 주제를 꺼내지 않도록 한다. 가령 영화와 관련한 이야기를 하던 중, 상대방이 자신이 보던 영화에 관한 이야기를 하고 있는데, "근데 우리 점심은 뭘 먹을까?"라는 말로 무의식적 화제 전환을 하는 것은 실례이다.
- 상대방을 기분 나쁘게 쳐다보지 않도록 주의한다. 이야기에 집중하다 보면 뚫어지게 쳐다보는 경우가 생기지만, 무엇보다 부드러운 시선을 유지하도록 노력한다.
- 유행어나 저속한 단어의 사용은 말하는 이의 신뢰감이나 인격을 격하시킨다.

- 자기중심적 대화내용은 삼가도록 한다. 지나친 자기자랑이나 가족자랑은 하지 않는다.
- 대화 당사자 이외의 제3자를 이야기하는 것은 좋지 않은 주제이다. 그 자리에 있지 않은 사람에 관해서는 이야기하지 않는 것이 매너이다. 서로의 신뢰를 쌓기 위해서 타인을 험담하지 않는 것이 좋다. 대화의 자리에서 상대와 함께 제3자의 험담을 했다면, 본인이나 대화상대자 역시 또 다른 자리에서 험담의 대상이 될 수도 있다는 생각을 하게 된다. 어떠한 경우에서든 타인에 관한 험담은 상호(相互) 신뢰감 형성에 부정적인 영향을 준다.

표 2-2　대화 체크리스트

항상 그렇다 : 10 점　　　　때때로 그렇다 : 5 점　　　　전혀 그렇지 않다 : 0 점

	내 용	점 수
듣기	•상대가 이야기 꺼내기 쉽도록 편안한 분위기를 만들어줍니까?	
	•시선은 다른 곳에 둔 채 무성의하게 듣지 않고 상대가 말할 때 관심을 보입니까?	
	•이야기를 중간에 끊지 않고 끝까지 듣습니까?	
	•경청하고 있다는 표현을 하며 듣습니까?	
	•나와 대화하는 사람들이 마음 편안하게 말하고 있습니까?	
말하기	•밝고 자연스런 음성으로 말합니까?	
	•말하는 표정과 자세는 상대와 상황에 적당합니까?	
	•말하는 속도나 발음은 적당하고 정확합니까?	
	•알기 쉽게 이해할 수 있도록 상대에 맞게 설명합니까?	
	•핵심적이면서도 친절하게 말합니까?	
	•호칭을 꼭 부르고, 고객 앞에서 직원간의 표현도 주의합니까?	
	•"안돼요", "몰라요.", "없어요." 등의 직선적인 표현 대신 부드러운 대안 제시형으로 말합니까?	

당신의 점수는?/120 점

제4절 대화할 때의 올바른 언어사용과 호칭

1. 대화법

대화는 교양과 인격을 나누는 장이다. 올바른 대화를 통해 상대방의 입장을 이해하고, 나의 생각을 제대로 전달해야 한다. 그러기 위해서는 단 한 마디라도 신경써서 말해야 하며, 상대방의 말을 경청하는 데 있어 여러 가지 에티켓을 지켜야 한다.

(1) 말하기의 기본자세

세계의 문호 셰익스피어는 "인생을 망치지 않으려면 자신의 말에 신경을 써라"라고 했고, 3천년된 이집트의 한 묘비에도 "말에 명인이 되면, 지위나 권력은 자연히 따라오게 된다."라고 새겨져 있다. 이처럼 말은 사람의 인품을 평가하는 기준이 될 뿐만 아니라, 자신과 회사의 성공을 좌우할 만큼 중요한 것이다.

①눈 : 상대방의 눈을 부드럽게 주시하면서
②표정 : 밝게, 눈과 표정으로 말한다.
③자세 : 등을 펴고 똑바른 자세로
④동작 : 제스처 사용
⑤입 : 똑바로, 정확한 발음, 자연스럽고 상냥하게, 알기 쉽고 친절한 말씨로 경어를 쓰면서 한 톤 올려서, 적당한 속도로, 맑은 목소리로 적당한 크기로 말한다.
⑥마음 : 성의와 선의를 가지고 말한다. 말을 할 때에는 상대가 누구인지, 무엇을 위해 말하는지를 확실히 알고 있어야 하며, 듣는 이의 입장을 중요시해야 한다. 또한 자기 이야기만 일방적으로 한다든지, 전문용어라든지 외래어를 남발하는 것은 피해야 한다.

(2) 발성법 다듬기(Voice with a Make-up)

대화할 때의 어조와 단어선택 발성 등의 제요소를 화장에 비유하면 다음의 단계로 나누어 생각할 수 있다.

① 기초화장, 호흡훈련, 발성법, 발음, 말의 속도조절
② 색조화장 : 억양, 속도변화, 어조, 여백의 미(pause) 강조, 띄어 읽기, 침묵
③ 향수 : 호감화법의 어감훈련

(3) 듣기의 기본자세

대화를 들을 때에는 선입견이나 편견 등을 버리고 개방적이고 편안한 자세로 듣는다. 이때 귀(耳)와 마음(心)으로 상대의 기분을 듣고 말의 요점을 잡는 것이 중요하다.

① 남의 말을 잘 들을 줄 아는 사람
- 항상 필요한 정보를 기록할 준비가 되어 있다.
- 상대방이 말한 이야기 중 필요한 부분은 "…… 뜻으로 하신 말씀이 맞습니까?"라고 확인
- 상대방 말을 잘 이해했는지 의심스럽다면 다시 질문을 한다.
- 진심으로 정보를 받아들이기를 원한다.
- 듣는 동안 다른 곳에 정신을 팔지 않는다.
- 귀는 메시지를 '듣는데', 눈은 보디랭귀지(body language)를 '읽는데'(직접 대면한 경우), 마음은 이야기를 '시각화하는데'(전화통화를 하고 있는 경우), 직관은 상대방의 진의를 '찾아내는 데' 사용한다.

② 타인의 말을 잘 들을 줄 모르는 사람
- "아니오!, "네", "그럴걸요?"와 같은 짧은 대답을 불쑥 던진다.
- 쉽게 주의가 산만해진다.
- 말하는 도중 자꾸 끼어들어 상대방을 불쾌하게 만든다.
- 자신도 모르는 사이에 상대방이 꺼낸 화제를 바꾸어 버린다.
- 시계를 자꾸 쳐다본다.

표 2-3 경어의 바람직한 사용

바람직하지 않은 용어	바람직한 용어
우리 회사	저희 회사
나, 자신	저
같이 온 사람	같이 오신 분, 함께 오신 분
누구세요?	실례지만 어떻게 되십니까?
○○씨입니까?	○○선생님이십니까?, ○○고객 되십니까?
무슨 용건입니까?	무엇을 도와 드릴까요?, 괜찮으시다면 용건을 말씀해 주실 수 있으십니까?
자리에 없습니다.	외근 중입니다만, 제가 도와 드릴 일은 없습니까?
잠깐만요.	죄송합니다. 잠시만 기다려 주시겠습니까?
빨리해 주세요.	빨리 좀 부탁드립니다.
알았어요.	잘 알겠습니다.
모르겠어요.	저는 잘 모르지만 곧 담당자를 불러 오겠습니다.
할 수 없는데요.	죄송합니다만 하기가 어렵습니다.
미안합니다.	대단히 죄송합니다.

③ 올바른 듣기자세

- 눈 : 상대를 정면으로 보고 경청, 시선을 자주 마주치면서
- 몸 : 정면을 향해 조금 앞으로 내밀듯이 앉으며, 손이나 다리를 꼬지 않고, 끄덕끄덕하거나 메모하는 적극적인 경청태도
- 입 : 맞장구를 치며 질문을 섞어 가면서 모르면 물어보고, 복창해 준다. 예를 들어 상대방의 말에 "그랬습니까?"(Did you?) 또는 "아, 그렇습니까?"(Is that so?)라는 말로 호응을 해도 좋다.
- 마음 : 흥미와 성의를 가지고, 상대방의 의도가 느껴질 때까지 인내하며, 상대의 마음을 편하게 해 준다.

1. 전화 매너의 중요성

인간관계의 80% 이상을 차지하는 것이 언어활동이라 한다면, 비즈니스를 위한 언어활동의 60% 이상이 전화상의 대화라 해도 과언이 아니다.

전화를 '음성의 면접'이라 한다. 전화는 직접 대면하는 것보다 신속하게 경제적으로 용건을 마칠 수 있는 장점을 기지고 있는 반면, 서로의 얼굴을 대하고 이야기할 때와는 달리 상대편의 표정·동작·태도를 살필 수 없으므로 다루기 어려운 단점도 있다. 전화는 진심을 담아서 응대해야 한다.

상대의 모습이 보이지 않는다고 해서 아무렇게나 행동을 하면 그런 감정이 모두 목소리를 타고 상대방에게 전달될 수 있다는 것을 잊어서는 안 된다. 또한 전화는 마음가짐이 중요하다. "얼굴은 마음의 창"이라 하듯이 마음가짐은 목소리에도 나타난다.

전화가 일상생활에 없어서는 안 될 귀중한 커뮤니케이션의 도구로서 사용되고 있다. 우리들은 하루에 몇 번 정도 전화를 사용하고 있을까? 일반 보통 사람들도 이제는 상당히 많은 시간을 전화대화를 통해 자기의사를 전달하고 있다. 회사의 업무 50% 이상이 전화대화를 통해 이루어지고 있다는 점에서 전화예절은 필수적이다.

2. 전화응대 시 언어선택

① 정확한 말로 대답한다.

• 차근하고 조용하게 목소리를 낮추며, 애매하고 납득하기 어려운 표현은 사용하지 않는다.
• '그런데요', '있잖아요' 등과 같이 불필요한 말은 삼가며 '입니다', '안 됩니다'로 분명하게 한다.

② 간단 · 명료한 말로 응대한다.

• 용건은 요점만 간단 · 명료하게 또박또박 말한다.
• 용건을 마친 후 오랫동안 사담을 하는 경우는 회선의 불통을 초래하여 중요한 업무를 지연시킬 수도 있다.

③ 정중한 말로 응대한다.

• 상대방의 지위나 신분을 알고서야 정중해지는 태도는 큰 실수이다.
• 적합한 존칭어(손님, 선생님께서 등)와 표준어를 혼용한다.
• 통화도중 상대방의 불쾌한 말씨에 맞서 상대하는 것은 삼가며, 조심스럽게 통화를 끝내고 대책을 생각한다.

3. 전화받는 요령

① 벨이 울리면 누구든지 가까운 곳에 위치한 사람이 곧 수화기를 든다.
② "감사합니다. ○○과 ○○○입니다."라고 회사의 방침대로 인사를 한다.
③ 걸려온 전화가 자기전화가 아닌 경우 "잠깐만 기다려 주십시오."라고 한 후 송화기를 손으로 막고 담당자 또는 통화희망자를 바꿔 준다.
④ 차분하고 정확하게 상대편의 말을 경청하며 요점을 요약한다.
⑤ 응답은 책임 있게 한다. 잘 모르는 내용을 자기마음대로 대답하거나 결정짓지 말고 책임자나 잘 아는 사람에게 물어서 대답하거나 전화를 바꾸어 준다.
⑥ 복잡하거나 중요한 용건은 요점을 확인한다.
⑦ 끝맺음 인사를 한다.

⑧상대편이 끊는 것을 확인한 후 송화기를 조심스럽게 내려놓는다.

4. 전화 거는 요령

① 전화걸기 전의 준비
- 주변상황을 고려하여 전화통화 여부를 결정한다(시간·장소·상황).
- 간결하고 요령있게 통화하기 위하여 6하원칙으로 말한다.
- 확실한 내용을 전하기 위하여 필요한 서류나 자료를 준비하여 통화한다.
- 수화기는 왼손으로 들고 오른손가락으로 버튼 키를 정확하게 누른다.

② 상대편이 나왔을 때 순서
- "○○회사입니까?" 등으로 상대편을 다시 확인한다.
- "××여행사 기획실 ○○○입니다." 등으로 자기의 소속·성명을 밝힌다.
- "죄송하지만 ○○○씨를 부탁드립니다."라고 상대방을 바꿔 달라고 한다.
- 간단한 인사말(안녕하십니까? 등)을 정중하게 한다.
- 6하원칙에 의하여 용건을 간결·명확하게 전달한다.
- 용건이 복잡한 경우에는 이해를 재확인한다.
- 통화 중에 끊기면 곧 다시 걸어 상대편이 기다리지 않게 한다.
- "안녕히 계십시오." 등의 끝맺음 인사를 정중하게 하고, 통화를 끝낸다.
- 상대편이 끊는 것을 확인한 후 수화기를 조심스럽게 내려놓는다.

5. 전화연결 요령

①전화를 건네받는 사람을 확인한다.
②동명인이 2명 이상 있을 경우에는 담당업무부서로 확인한다.
③전화를 연결할 경우에는 송화구를 막은 다음 전화받은 사람에게 상대방을 알려 준 후 연결한다.
④전화를 받을 사람이 통화 중 등으로 인해 즉시 받을 수 없을 때에는 중간 상황을 수시로 알려준다.

6. 전화응대 기본화법

① 전화를 받을 때 : 감사합니다. ○○부 ○○○입니다.
② 기다리게 할 때 : 죄송합니다만, 잠시 기다려 주시겠습니까?
③ 기다리게 한 후 다시 통화할 때 : 오래 기다리게 해서 죄송합니다.
④ 물어 볼 때 : 죄송합니다만, ○○입니까?
⑤ 용무처리가 되었을 때 : 예, 알겠습니다.
⑥ 용무처리가 안 되었을 때 : 죄송합니다만, 아직 처리가 안 되었습니다.
⑦ 부탁이나 의뢰할 때 : 죄송합니다만, ○○해 주시겠습니까?
⑧ 다시 물어 볼 때 : 한 번 더 말씀해 주시겠습니까?
⑨ 담당자를 바꿔 줄 때 : 담당자를 바꿔 드리겠습니다. 잠시 기다려 주십시오.
⑩ 상대방이 찾는 사람이 없을 때 : 지금 자리에 안계신데, 괜찮으시다면 제가 전해 드리겠습니다.
⑪ 다른 사람과 상의해야 할 때 : 잠시 기다려 주시면 알아보겠습니다.
⑫ 마무리 인사 : 잘 알겠습니다. 안녕히 계십시오.

7. 전화응대 시 주의할 점

① 태도(음성, 말투)가 불손하지 않는가?
② 일방적인 통화
③ 용건이 끝나기 전에 먼저 전화를 끊는 행위
④ 전화기에 화풀이를 하는 행위
⑤ 전화도중 상대방의 양해 없이 다른 업무를 처리하는 행위
⑥ 개인적인 전화를 장시간 사용하는 경우
⑦ 전화를 걸 때에는 상대방을 확인한 후 통화를 한다.
⑧ 통화 전후에는 항시 인사를 한다.
⑨ 수화기를 어깨에 끼고 응대하는 행위
⑩ 전화 받는 옆에서 떠들거나 잡담하는 행위

표 2-4 적절한 전화응대방법

고 객	응대방법
여보세요?	네. (×) 네, 말씀하세요. (×) 네, 인사부입니다. (○) 네, 인사부입니다. 무엇을 도와 드릴까요? (○)
안녕하세요?	네. (×) 네, 말씀하세요. (×) 네, 안녕하십니까? (○) 네, 안녕하십니까? 무엇을 도와 드릴까요? (○)
수고하십니다.	무응답 (×) 네. (×) 감사합니다. (○) 감사합니다. 무엇을 도와 드릴까요? (○)
거기 △△죠? △△맞죠?	네. (×) 네, 맞습니다. (×) 네, 그렇습니다. (×) 네, △△입니다. (○) 네, △△입니다. 무엇을 도와 드릴까요? (○)
감사합니다.	네. (×) 네, 감사합니다. (○) 네, 전화 주셔서 감사합니다. (◎) 네, 이용해 주셔서 감사합니다. (◎)
기다리게 할 때	잠깐만요. (×) 잠시만요. (×) 죄송합니다. 잠시 기다려 주시겠습니까? (○) 죄송합니다. 잠시 기다려 주시면 도와 드리겠습니다. (◎)
다른 곳으로 전화를 연결할 때	잠시만 기다려 주십시오(주시겠습니까?). (○) △△△로 연결해 드리겠습니다. 감사합니다. (○)
대답할 때	네, 그렇습니다. (○) 네, 잘 알겠습니다. (○)
기다리게 했던 전화를 다시 받을 때	네, 그런데요? (×) 네, 말씀하세요. (×) 기다리시게 해서 죄송합니다. (○)
이름을 말할 때	성함은요? (×) 실례지만, 존함이 어떻게 되십니까? (○) 실례지만, 존함을 말씀해 주시겠습니까? (◎)

고객	응대방법
말을 전할 때	누구시라고 전해 드릴까요? (×) 전하실 말씀이 있으십니까? (○) 메모 전해 드리겠습니다. (×) 말씀 전해 드리겠습니다. (○)
안 들릴 때	네? 여보세요? (×) 죄송합니다. 다시 한 번 말씀해 주시겠습니까? (○)
전화를 끊을 때	감사합니다. (○) 전화 주셔서 감사합니다. (◎) 이용해 주셔서 감사합니다. (◎)

8. 휴대전화 예절

① 공공장소에서는 휴대전화의 벨소리는 진동으로 해야 한다.
② 거리에서는 다른 사람의 통행을 방해하지 않도록 휴대전화의 사용에 주의해야 한다.
③ 자동차 주행 중에는 휴대전화를 사용해서는 안 된다.
④ 항공기나 병원 등 휴대전화의 사용이 금지된 곳에서는 반드시 전원을 꺼놓는다.
⑤ 꼭 필요한 통화, 용건만 간단히 한다.
⑥ 휴대전화비용을 고려해서 공중전화가 가까이 있다면 공중전화를 이용한다.
⑦ 통화시 남에게 불편을 주지 말아야 한다.

■ 공공장소에서의 에티켓

　일본, 전철내 이동전화 사용금지! 영국, 호주 등 카메라폰 사용 제한! 휴대폰 역기능은 비단 우리나라만의 문제는 아니다. 외국에서도 각종 캠페인에서부터 법적인 강제에 이르기까지 휴대폰 역기능 해소를 위한 다양한 노력들이 펼쳐지고 있다.

　세계적으로 휴대전화가 생활필수품으로 자리잡고 있는 상황에서 모바일 에티켓은 이제 사회적인 '화두'로 떠오르고 있는 것이다. 일본의 경우 공공장소에서 휴대폰을 사용할 때 이어폰 등을 이용하는 것은 이미 보편화돼 있다. 음식점 등의 벽이나 테이블 위에 금연표지처럼 휴대폰 사용을 금지하는 그림을 부착하는 것이 보통이다. 고속열차 신간센에서는 객실 내부에서의 휴대폰 사용을 금지하고 있다. 휴대폰을 사용할 경우에는 객실과 객실 사이의 통로에서 통화해야 한다. 핀란드도 비슷하다. 최근 핀란드에서는 새로 나온 기차에는 휴대폰을 사용할 수 있는 객차가 별도로 마련돼 있다. 영국에서는 보다폰(Vodafone) 등 이동통신사업자들과 함께 휴대폰 예절을 강제하는 실천강령을 마련하고 있는 것으로 알려졌다. 세계 각국은 공공장소에서의 카메라폰 사용에 대해서는 더욱 엄격한 제한을 가하고 있다. '몰카' 등에서 볼 수 있듯이 치명적인 프라이버시 침해를 불러올 수 있기 때문이다. 영국은 레저센터 등 공공장소에서 카메라폰으로 아동을 촬영하는 행위를 금지하고, 호주는 YMCA가 운영하고 있는 전국 300여개 수영장과 체육관, 스포츠센터 등의 탈의실 내에 카메라폰 반입을 금지하고 있다. 미국 의회는 누드나 속옷을 입은 사람을 카메라폰 등으로 촬영해 유포 또는 방송하는 행위에 대해 벌금 및 1년 이하의 징역을 부과하는 규제법안을 검토중인 것으로 전해졌다.

　프라이버시를 중시하는 프랑스의 경우 많은 국민들이 공공장소에서의 휴대폰 사용을 금지하는 법률제정을 찬성하고 있으며, 심지어 길거리에서 휴대폰 사용도 금지해야 한다고 주장하는 사람들도 상당하다고 현지 언론들은 전하고 있다. 그러나 법적인 강제에 앞서 각국의 이동통신사들은 캠페인을 통한 자율적인 모바일 예절을 정착시키기 위해 노력하고 있다.

　호주에서는 이동통신협회가 휴대폰 매너 10계명을 만들어 캠페인을 펼치고 있다. "가능하면 통화는 밖이나 다른 장소에서", "휴대폰을 꺼놓을 수 없는 상황이라면 진동모드로", 전원을 꺼야 하는 곳에서는 제대로 꺼졌는지 확인, "주위를 배려하며" 등 우리들이 느끼는 것과 큰 차이가 없다.

　일본에서는 이동통신 사업자인 NTT도코모와 KDDI가 철도사업자, 전기통신사업 자협회와 함께 휴대폰 예절 지키기 캠페인으로 스티커·포스터 붙이기 운동을 펼치고 있다고 한다. 한국통신(KTF) 관계자는 "휴대폰 기술이나 이용자수 등에서는 우리가 세계강국이지만 모바일 에티켓 면에서는 외국이 우리를 앞서가고 있다"며 "하루 빨리 우리의 위상에 걸맞는 휴대폰 예절이 정착되는 것이 시급하다"고 말했다.

내일신문 2005. 04. 11/김병국 기자 bgkim@naeil.com

제6절　인터넷 통신예절

　인터넷 사용자의 급증과 IT(Information Technology)산업의 발전과 더불어 인터넷 매체와 인터넷 통신은 현대인의 일상생활에서 큰 비중을 차지하게 되었다. 급속도로 발전한 인터넷 통신매체에 비해서 관련 문화의 성숙도는 균형을 이루지 못하고 많은 사회적 문제들을 야기하고 있다.

　많은 사람들이 인터넷상에서 무례하고 자기중심적인 사용자들의 언행으로 불쾌감을 느끼기도 하며, 심한 경우 자살로까지 이어지는 심각한 사회적 문제들이 발생하고 있다.

　보다 성숙하고 바람직한 인터넷 문화의 정착을 위해서 인터넷 통신예절의 기준 설정과 보급이 시급하며, 무엇보다 인터넷 사용자 개개인의 통신예절 수양(修養)이 절실하다.

• 네티켓의 10대 원칙(미국 플로리다대학 버지니아 셰어 교수 제안)

① 가상공간에서 만난 상대방도 인간임을 기억하라.

② 현실생활에서와 동일한 기준과 행동을 유지한다.

③ 현재 접속한 공간의 문화에 적응하여 행동한다.

④ 상대방의 시간을 존중한다.

⑤ 온라인상에서 나 자신을 멋있게 만들어간다.

⑥ 전문 지식을 공유한다.

⑦ 논쟁을 할 경우, 감정을 절제하면서 참여한다.

⑧ 상대방의 사생활을 존중한다.

⑨ 자신의 권력을 남용하지 않는다(특히 관리자들).

⑩ 상대방의 실수를 용납한다.

1. 인터넷예절

(1) 기본예절

① 타인의 PC(personal computer)를 허락 없이 사용하지 않는다.

② 타인의 ID 또는 주민등록 도용은 사이버 범죄에 해당되므로 절대 하지 말아야 한다.

③ 타인의 의견이 자신의 의견과 다르다고 예의에 어긋나는 언어로 표현하는 행위는 삼가야 한다.

④ 정확하지 않은 정보나 소문(rumor)만으로 집단적 언어폭력을 일삼는 행동은 절대적으로 지양해야 한다.

⑤ 불법 복제, 불법 다운로드는 지적재산권을 침해하는 중대한 범죄이므로 하지 말아야 한다.

⑥ 보이지 않는 사이버(cyber)상의 공간이라고 예의 없는 행동이 용서되거나 이해된다는 생각은 하지 말아야 한다.

(2) 게시판 예절

① 지정된 자신의 ID로 글을 남긴다. 도용된 ID또는 불쾌한 필명은 삼가는 것이 좋다.

② 선정적이거나, 공격적인 내용은 타인의 마음을 상하게 할 수 있다. 자신만의 생각이 옳다는 생각으로 타인을 배려하지 않거나 이해하지 않으려 하는 것은 큰 불쾌감을 유발한다.

③ 신체적, 개인적 내용으로 타인을 논란의 대상으로 삼아서는 안 된다.

④ 건전한 토론이 될 수 있도록 노력하며, 다수의 다양한 의견을 이해할 수 있는 마음을 갖도록 노력한다.

(3) 채팅에서의 네티켓

① 채팅을 시작하기 전 분위기를 먼저 경청한다.

② 대화방에 들어가고 나갈 때 먼저 인사한다.

③ 여러 사람과 대화할 때는 상대방을 정확하게 파악한다.

④ 아무에게나 채팅을 요청하지 않는다.

⑤ 바른 철자를 사용하고 엔터키를 적절히 사용한다.

⑥ 다른 사람의 사생활에 대하여 존중한다.

⑦ 이미지(smile faces, smiley)를 적절하게 사용한다.

(4) 공개자료실에 파일을 송수신할 때의 네티켓

① 네트워크 통신량이 폭주하는 시간대는 피하여 사용한다.

② 저작권을 침해할 소지가 있는 자료는 올리지 않는다.

③ 컴퓨터 바이러스와 같은 악성코드에 감염되지는 않았는지 미리 검사하여 올린다.

④ 크기가 큰 자료는 몇 개로 쪼개거나 압축하여 올려놓는다.

성공하는 리더의
글로벌 매너

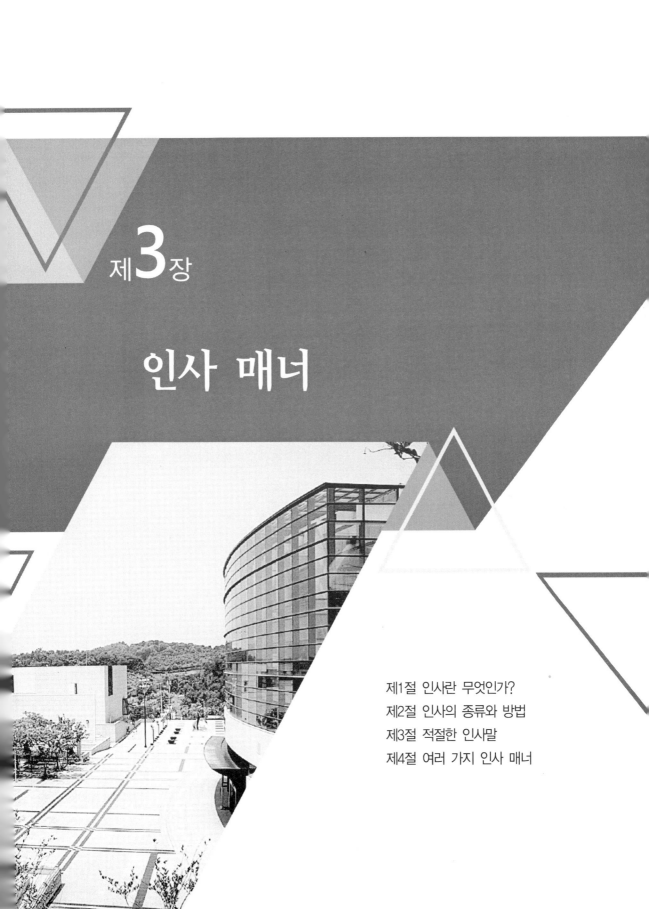

제**3**장

인사 매너

제**3**장 ───────

인사 매너

제1절 **인사란 무엇인가?**

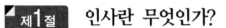

인사라는 것은 상대방을 존경하고 인정하며 반가움을 나타내는 방법의 하나로서 예절의 기초가 된다. 형식에 얽매여서 하는 딱딱한 인사보다는 서로의 따뜻한 마음을 주고 받을 수 있는 정겨운 인사를 하는 버릇을 길러야 한다.

인사의 방법이 잘못되면 오히려 하지 않는 것만 못한 결과를 가져올 수 있다. 인사는 인간관계의 시작이므로 진실성 있게 대함으로써 인생은 보다 알차고 보람있게 된다.

결국 인사란 다음과 같다.

①마음에서 우러나오는 마음의 첫걸음이며, 동시에 마음가짐의 외적 표현이다.
②인간관계가 시작되는 신호이다.
③상대방에 대한 존경심과 친절을 나타내는 형식이다.

④상대방이 느낄 수 있는 첫 번째 감동이다.

⑤인사는 상대방을 위한 것이라기보다는 나 자신을 위한 것이다. 따라서 따뜻한 인사말 한마디에 상대방은 깊은 감동을 받을 수 있다.

1. 인사의 유래

①원시 시대에 상대를 해치지 않겠다는 신호로 손을 들었던 것에서 유래했다.

②손을 앞으로 하는 행위에서 유래했다(악수).

③허리를 굽히는 행위에서 유래했다(허리 굽혀 경례).

④따라서 인사는 섬김의 자세, 환영의 표시, 신용의 상징, 친근감의 표현이다.

2. 인사의 중요성

인사는 가정에서는 화목한 가정의 근간이 되고, 직장생활에서는 인화단결의 근간이 된다. 그러므로 누구를 만나든지 지위의 고하와 남녀노소를 막론하고 먼저 인사하고, 볼 때마다 상냥하게 인사하는 것이 밝은 사회와 밝은 직장을 만드는 방법이 될 것이다.

또한 습관화된 인사는 그늘진 성격을 밝게 해주고 소극적인 사람을 적극적으로, 정적인 사람을 동적으로, 우울한 사람을 명랑한 사람으로, 꽉 막힌 사람을 탁 트인 사람으로 만들어준다.

①인사는 마음의 문을 여는 열쇠이다.

②인사는 자신의 인격을 표현하는 최초의 행동이다.

③인사는 일상생활의 기본이자 척도이다.

※인사 잘하는 사람 중에 불친절한 사람 없고, 친절한 사람 중에 인사 못하는 사람 없다.

제2절 **인사의 종류와 방법**

1. 기본 인사법

① 바른 자세로 상대방을 향해 선다.

② 발꿈치는 붙이고, 양발의 각도는 약 15~30도 정도로 약간 벌린 후 가슴과 등은 곧게 편다.

③ 어깨는 힘을 빼고 어깨선이 굽지 않게 한다.

④ 여성은 오른손을 위로하여 두 손을 모아 아랫배를 감싸듯이 한다.

⑤ 남성은 바지 옆 재봉선 위에 가볍게 주먹을 쥐고 상대방의 눈을 보며 상냥하게 인사말을 건넨다.

⑥ 상체를 정중하게 굽힌다. 등, 목, 허리가 일직선이 되도록 허리부터 굽히는 기분으로 한다.

⑦ 배를 끌어당기는 기분으로 엉덩이는 뒤로 빠지지 않게 유의한다.

⑧ 인사 후 바로 서고, 다시 상대방의 눈을 보며 미소를 짓는다.

그림 3-1　올바른 인사법

표 3-1 올바른 인사법의 Key Point

잘못된 인사	올바른 인사
• 망설이다 하는 인사 • 고개만 까닥이는 인사 • 무표정한 인사 • 눈맞춤이 없는 인사 • 말로만 하는 인사 • 기본인사말만 하는 인사 • 상대방의 차림새에 따라 차별하는 인사	• 인사는 내가 먼저 • 표정은 밝게 • 상대방의 시선을 바라보며 • 밝은 목소리의 인사말 • 허리를 굽혀서 • 인사 잘 받는 것은 또 한 번의 인사 • 어떤 상대에게나 친절한 인사

2. 인사의 종류

인사의 종류에는 눈인사 · 약식인사 · 보통례 · 정중례 · 조례 · 거수경례 등이 있고 서구에서 전래된 악수, 포옹 등의 인사법도 있다.

(1) 눈인사(목례)

가장 가벼운 인사로써 그 첫 번째를 차지하는 것이 눈인사이다. 눈인사는 목례(目禮)라는 글자에서 알 수 있듯이 서로 눈이 마주쳤을 때 말없이 고개를 끄덕이며 눈으로 하는 인사이다. 앉아 있거나 서 있을 때 구분이 따로 없으며, 안면이 있는 사람을 만났을 때나 모르는 사람을 처음 대면할 때도 고개를 꾸벅하며 하는 인사이다.

또한 여성의 경우는 초면의 남성에게 악수보다 가벼운 인사를 하는 것이 자연스러울 수도 있는데, 소개를 받은 후 그 남성으로부터 작별인사를 받게 되면 가벼운 인사보다는 악수로 응하는 것이 당연한 예의이다.

①방법 : 눈은 항상 웃는 얼굴로 고개를 살짝 숙이면 된다.
②시기 : 때에 따라서 인사를 생략하여도 큰 무리가 따르지 않는 곳, 즉 화장실 · 목욕탕 등 여러 사람이 사용하는 장소

(2) 약식인사(약례)

약식인사란 말 그대로 눈인사보다는 더 중요하나, 보통례보다는 좀더 단순한 인사를 약식인사라고 할 수 있다.

① 방법 : 일어서서 허리를 15도 굽히는 인사로 걸리는 시간은 대략 2초 정도의 시간이 걸리는 인사다.

② 시기

- 주로 동네에서 이웃 어른들을 만날 때나 직장에서 복도나 계단을 지나치며 상사나 동료들을 만날 때 "안녕하십니까?" 또는 "반갑습니다."라고 인사말을 하는 인사다. 복도에서 상사를 만났을 때는 상사가 혼자 있는 경우에는 멈추어 서서 정중하게 인사를 하는 것이 좋다. 또한 가방이나 물건을 들고 있을 때는 오른손에 있던 물건을 왼손에 옮겨 쥐고 오른손을 허리 옆에 붙인 채로 인사를 해야 한다.
- 하루에도 여러 번 만나는 분들께 만날 때마다 하는 인사로는 약식인사가 적격이다.
- 산을 오르내리면서 등산객이 서로 마주칠 때 "반갑습니다." 또는 "수고 하십니다."라며 나누는 인사로는 약식인사가 적격이다.
- 길을 몰라서 지나가는 사람에게 길을 물을 때 꾸벅하는 인사가 바로 약식인사이다.
- 본인이 근무하는 직장 내에서 손님으로 보이는 모르는 사람이 지나갈 때 그냥 지나치는 것보다는 약식인사를 함으로써 보다 좋은 회사 이미지를 만들 수 있다.

(3) 보통 인사(보통례)

① 방법 : 일반적으로 하는 인사로 약식보다는 15도 정도 더 굽혀 30도 정도 굽혀서 4초 정도 걸리는 인사를 한다. 두 다리를 모으고 손은 계란을 쥐고 있듯이 하여 팔을 바로 내려 몸에 살짝 닿게 하고 허리를 굽히는 인사로, 인사말은 "안녕하십니까?"가 가장 보편적이다.

② 시기 : 주로 같은 나이 또래이거나 처음 하는 인사이거나 거래처 등 사회활

동에서 보편적으로 처음 나누는 인사 또는 나이 차이가 심하게 나지 않는 학교, 혹은 사회 선배에게 하는 인사가 보통례로 인사하는 대상들이다.

(4) 정중한 인사(정중례)

일어서서 하는 인사 중에서 가장 정중한 것이 바로 정중례라 할 것이다.

① 방법 : 약 45도 허리를 굽혀서 약 6초 정도의 시간이 걸리는 인사이다.

② 시기 : 주로 어려운 사람들을 만났을 때 하는 인사이다. 첫째, 나이 차이가 심한 선배나 웃어른께 하는 인사, 둘째, 부모님이나 스승께 하는 인사, 셋째, 직위가 높거나 훌륭한 분께 하는 인사, 넷째, 은혜를 입은 존경하는 분께 하는 인사, 다섯째, 결혼식에서 주례선생 및 하객께 올리는 인사, 여섯째, 사돈끼리 길에서 만나서 하는 인사 등이다.

■ 인사하기

마음을 여는 인사의 5단계

① 바른 자세로 상대를 향해서 선다.
② 상체를 1초간 숙인다.
③ 상체를 숙인 채 1초간 멈춘다.
④ 2초간 천천히 허리를 든다.
⑤ 바른 자세로 똑바로 선다.

인사의 5가지 포인트

① 내가 먼저 : 대화의 주도권을 잡는 것은 바로 당신
② 상대방의 눈을 보고 미소지으며 : 매혹적인 Eye Contact
③ 상대방에게 맞춰서 : 상대의 마음을 사로잡자.
④ 큰소리로 명랑하게 : 용기를 갖고 하자.
⑤ 지속적으로 : 인간관계를 풍부하게

인사할 때의 바른 자세

- 표정 : 밝은 표정으로 입의 양 꼬리가 올라가게 한다.
- 시선 : 자연스럽고 부드럽게 상대방의 눈을 보고, 눈동자는 항상 중앙에 위치하도 록 하며 상대방의 눈높이와 맞춘다.
- 고개, 어깨 : 상체를 30도 정도 숙여 2~3초 정도 유지한 후 고개를 든다.
- 턱 : 턱은 자연스럽게 당긴다.
- 히프 : 지나치게 뒤로 빠지지 않도록 한다.
- 등, 허리 : 등과 목의 선이 일직선이 되게 허리를 굽히고, 상대방의 속도에 맞추어 천천히 한다.
- 손 : 손은 가볍게 쥐고 옆의 재봉선 위에 댄다(여자는 손을 앞으로 모으되, 오른손 을 왼손등 위에 포갬).
- 발 : 발은 뒤꿈치를 붙이고 앞 끝을 벌린 상태(15~30도)로 바로 선다.

■ 4박자 인사법

① 상체를 허리부터 1초간 굽힌다.
② 잠시 멈춘다(1초간).
③ 천천히 든다(2초간).

제3절 적절한 인사말

인사를 할 때 단순히 목만 까닥이는 것보다 인사말을 더불어 하는 것이 좋다. 올 바른 인사말을 하는 것을 살펴보면 첫째, 상투적인 말은 피하고 되도록 간결하고 진실성 있도록 하여야 한다. 둘째, 때와 장소 및 사람에 어울리는 인사말을 미리 생각해서 화제를 선택하고, 분위기에 어울리는 말이나 표현을 쓴다. 넷째, 상대방 이 긴장을 풀 수 있도록 최근의 뉴스나 그 밖의 관심 있는 사건들을 이용하여 해학 적인 표현을 이용해도 좋다.

1. 상황에 따른 인사말

상 황	인 사 말
자주만나는 사람에게	"그동안 안녕하셨습니까?"
사과할 때	"정말 죄송합니다."
머뭇거리는 상대방에게	"무슨 일로 오셨습니까?" "무엇을 도와드릴까요?"
누군가에게 대답할 때	"네, 그렇습니다.", "잘 알겠습니다."
누군가에게 반복해서 물을 때	"죄송합니다만, 다시 한 번 말씀해 주시겠습니까?"
거절할 경우	"죄송합니다, 다음에 도와드리겠습니다."
무엇인가를 안내할 때	"이쪽으로 오시겠습니까?"
출근하면서	"안녕하십니까?"
근무 중 외출할 때	"○○○ 다녀오겠습니다."
먼저 퇴근할 때	"먼저 퇴근하겠습니다.", "내일 뵙겠습니다."
외출해서 돌아 왔을 때	"다녀왔습니다."
지나가다 부딪혔을 때	"죄송합니다.", "실례했습니다."

2. 서양인과의 올바른 인사 표현

① 오전 인사 : "Good morning, Sir"(01 : 00~12 : 00)

② 오후 인사 : "Good afternoon, Madame"(12 : 00~18 : 00)

③ 저녁 인사 : "Good evening, Mr. Smith"(18 : 00~01 : 00)

④ 헤어질 때 : "Good bye, Mrs. Jones. Have a good day"(~17 : 00) "Good bye, Mr. Brown. Have a good night"(17 : 00~21 : 00) "Good night"(21 : 00~)

제4절 | 여러 가지 인사 매너

1. 악수법

가장 일반적인 인사법인 악수(shaking hands)는 사람들 간의 친근한 정을 나타내는 것으로서 사교활동을 하는 데 매우 중요한 행위이다. 서양에서는 악수를 사양하는 것을 불쾌하게 생각할 수 있기 때문에 바른 악수법을 익혀두는 것도 중요하다.

악수는 매우 경건한 마음으로 해야 하며, 미소 띤 얼굴에 허리를 곧게 펴고 마음에서 우러나오는 태도를 취하는 것이 중요하다.

인사하는 순서는 여성이 남성에게, 연장자가 손아랫사람에게, 기혼자가 미혼자에게, 상급자가 하급자에게 손을 내민다. 흔히 왼손은 부정적으로 여기므로, 악수는 원칙적으로 오른손으로 한다. 손을 쥘 때는 너무 세게 쥐면 반지 등으로 아플 수 있으며, 너무 가볍게 쥐면 상대방을 경멸하는 느낌을 줄 수 있으므로 유의해야 한다. 또 너무 오랫동안 손을 쥐고 있는 것은 좋지 않다. 손을 쥐고 흔들 때에는 윗사람이 먼저 흔들어야 하며, 연소자나 하급자가 먼저 흔드는 경우는 실례가 된다.

상대가 악수를 청할 때 남성은 반드시 일어서서 해야 하며, 여성은 제외하더라도 젊은 여성이 앉아 있는 모습은 외간상 좋지 않으므로 일어서서 하는 것이 좋다. 남성은 악수할 때 장갑을 벗는 것이 에티켓이나, 여성의 경우는 반드시 장갑을 벗을 필요는 없다.

여성의 경우 먼저 악수를 청하는 것이 에티켓이므로 외국인과 만나는 사교모임에서는 한국여성들도 주저하지 말고 즉시 손을 내밀어 악수를 청하는 것이 자연스럽다.

(1) 악수하는 순서

원칙적으로 손윗사람이 아랫사람에게 손을 내밀게 되어 있으며, 그 기준은 다음과 같다.

① 고객이 직원에게
② 여성이 남성에게
③ 손윗사람(연장자)이 손아랫사람에게
④ 선배가 후배에게
⑤ 기혼자가 미혼자에게
⑥ 상급자가 하급자에게
⑦ 국가원수 · 왕족 · 성직자 등은 이러한 기준에서 예외 될 수 있다.

(2) 악수를 청할 때

① 남성은 반드시 일어서야 한다.
② 여성은 앉은 채로 악수를 받아도 상관없다. 그러나 연배의 여성은 제외하
   더라도 젊은 여성이 앉아 있는 모습은 보기에 좋지 않으므로 일어나는 것
   이 좋다.

(3) 올바른 악수법

① 손을 잡을 때 : 너무 꽉 잡는다거나 너무 힘없이 잡는 것은 바람직하지 않
   으며, 오래 잡고 있어도 좋지 않다
② 시선처리 : 상대방의 얼굴을 본다
③ 손을 흔들 때 : 두 손으로 잡거나 손을 마구 흔들어서는 안 된다
④ 자세 : 악수를 하며 허리를 굽히는 것은 아첨이나 비굴한 모습으로 보일 수
   있으므로 바람직하지 않다. 아랫사람이 웃어른과 악수할 때에는 윗몸을 약
   간 굽혀 경의를 표할 수도 있다.

2. 손에 하는 입맞춤

손에 하는 입맞춤(kissing hand)은 여성에 대한 남성의 깊은 존경의 표현으로 예전에는 구미제국에서 널리 행하였으나, 오늘날에는 거의 찾아볼 수 없으며, 영국의 왕실에서조차 황후의 손에 입맞춤하는 행위는 구태의연한 관습으로 규정해 놓고 있다. 그러나 유럽이나 라틴계의 남미국가의 키스는 존경의 키스이므로 남성이 악수하면서 손에다 키스해 올 때에는 다소곳이 받아들이는 것이 에티켓이다.

3. 포옹

구미제국, 특히 라틴계나 슬라브계의 나라에서는 친척 또는 친구 사이에 오랜만에 만났을 때 서로 포옹(embrace)하며 양쪽 볼에 입을 맞추는데, 이는 악수보다 더 친밀감 있는 표현이다.

4. 공수법

공수(拱手)의 의미는 두 손을 맞잡는 것을 말한다. 한 손으로 악수를 하는 것보다도 더한 친밀감을 주고받을 수 있다.

성공하는 리더의
글로벌 매너

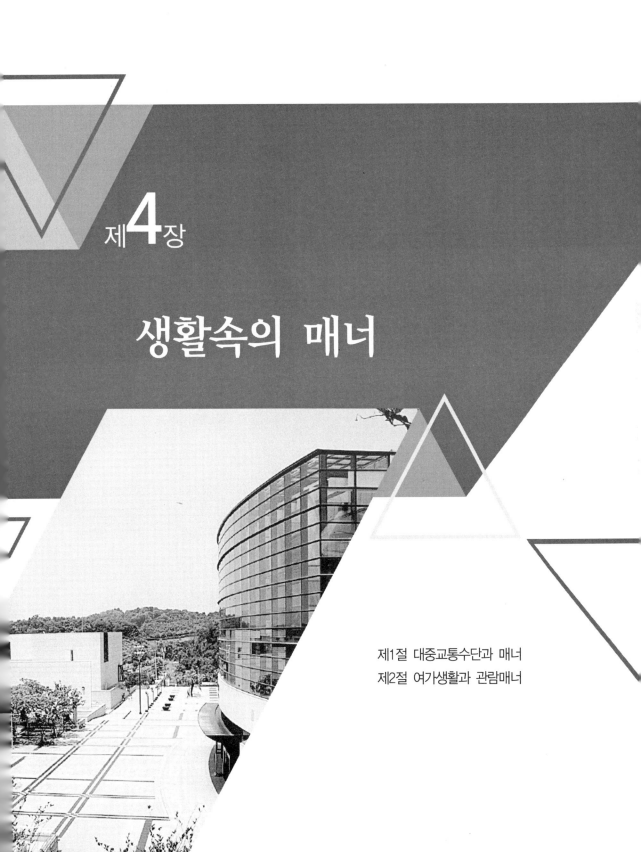

제**4**장

생활속의 매너

제1절 대중교통수단과 매너
제2절 여가생활과 관람매너

생활속의 매너

　비즈니스 목적으로 사람을 만나 식사를 한다거나, 파티에 초대되었을 때 등의 특수한 상황에서의 매너 외에도 생활 속에서의 매너와 예절은 개인의 인격과 성품을 대변한다. 운전 중 지켜야 할 매너, 여가생활과 관련한 기본적인 매너 등등과 관련한 사항들을 살펴보자.

제1절　대중교통수단과 매너

　한국의 자동차 보유대수는 1,500만대에 이르고 있다. 마이카 시대는 원하는 곳에 빠르고 편하게 이동할 수 있는 이점(利點)을 가져다 주었다. 그러나 "나 하나쯤은 괜찮겠지"라는 무질서 의식과 매너 없는 행동들은 종종 교통수단이 가져오는 편리함을 일순간에 무너뜨리기도 하며, 많은 사람들의 기분을 상하게 한다.

보다 안락하고 편안한 교통문화를 만들어 가기 위한 매너들에 관하여 살펴보자.

1. 대중교통수단을 이용할 때의 매너

① 지하철이나 버스의 좌석에 앉을 때 다리를 벌리지 않는 것이 매너이다.

편리한 대중교통수단을 이용할 때, 간혹 앉은 자세가 바르지 못한 사람들을 발견한다. 남자들이 다리를 과도하게 벌리고 앉아 타인에게 불쾌감을 주거나 자리를 많이 차지하지 않도록 하는 것이 매너이다.

② 일반인은 노약자석에 앉지 않는 것이 매너이다.

노약자석이 비어 있더라도 노약자석은 비워두는 것이 매너이다. 일반좌석이라 할지라도 노약자가 탑승하면 가급적 자리를 양보하는 것이 매너이다.

③ 혼잡한 대중교통수단 안에 있을 때, 소지품으로 간격을 유지해 두는 것이 매너이다.

불필요한 오해를 피하기 위해서, 혼잡한 공간에서는 소지품을 이용해 사람 사이의 간격을 두는 것이 매너이다.

④ 교통수단에 오르고 내릴 때 여성을 먼저 배려하는 것이 매너이다.

교통수단에 오를 땐 여성이 먼저, 내릴 땐 남성이 먼저 내리는 것이 매너이며, 노약자가 있을 때 노약자를 우선 배려하는 것이 매너이다.

⑤ 노래를 흥얼거리거나 큰소리로 통화하는 것은 매너가 아니다.

가급적 대중이 모여 있는 곳에서의 전화통화는 삼가며, 부득이한 경우 짧게 작은 소리로 통화하는 것이 매너이다.

⑥ 위급한 상황에서는 어린이, 노약자, 여성을 먼저 배려하는 것이 매너이다.

2. 승용차 동승 매너

승용차 동승과 관련하여 정해진 규칙은 없다. 동승 인원과 타고 내림의 편리함 그리고 동승의 목적과 관련하여 본인의 의지대로 탑승을 결정짓는 것이 중요하다. 일반적인 경우의 동승 매너에 관하여 살펴보자.

(1) 고객 1인과 동승하는 경우

①상대방의 분위기와 본인의 역할에 따라 탑승 위치를 결정한다.
②동승객과의 대화가 필요하거나 친근한 분위기를 조성할 필요가 있을 경우에 다음과 같은 탑승 위치가 좋다.
③상대방이 방해받기 싫어하는 경우, 무언가 사색이 필요한 경우 다음과 같은 탑승 위치가 좋다.

그림 4-1   고객 1인과 동승하는 경우

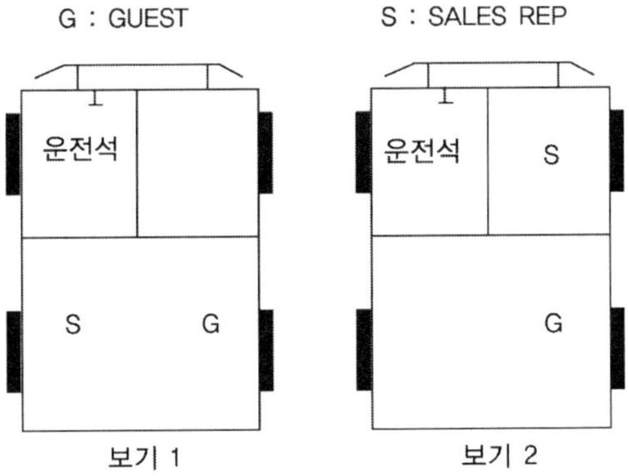

(2) 고객 2인과 동승하는 경우

①동승객을 위해 특정 분위기를 조성할 필요가 없는 경우
②동승자중 하급자(G2)가 도중에 하차를 하여야 하는 경우

그림 4-2 고객 2인과 동승하는 경우

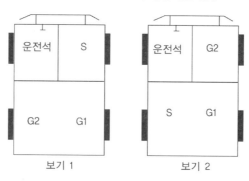

(3) 고객 3인과 동승하는 경우

①본인은 가장 불편한 자리를 택하여 앉는 것이 매너이다.

②3인이 동시에 탑승을 할 경우 가장 일반적인 위치

③3인중 상급자(G1)가 앞좌석을 선호하는 경우

그림 4-3   고객 3인과 동승하는 경우

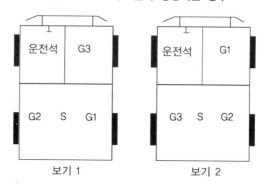

(4) 상대방이 직접 운전할 때

운전석 옆에 앉는 것이 기본 예의이다.

그림 4-4　상대방이 직접 운전할 때

보기 1

(5) 승차 시 주의사항

여성을 뒷좌석 한가운데 태우는 것은 매너가 아니다. 탑승을 함에 있어, 여성은
상체를 먼저 차내에 넣고 양다리를 붙여 정숙하게 탑승할 수 있도록 한다. 이렇게
함으로써 보다 프로패셔널하고 매너 있는 여성으로 보이게 한다.

■ 운전매너는 인격이다.

　자동차가 이미 신발처럼 생필품이 되어 버린 세상이다. 그만큼 운전도 빠뜨릴 수
없는 생활의 중요한 부분이다. 따라서 생각이 옷을 입고 대중 앞에 나타나는 것을
언어라 표현한다면 인품, 인격을 싣고 대중 속에 연출하는 것을 운전이라 표현할 수
있을 것이다.
　운전매너도 인생을 살아가는 방법만큼 각기 다르다. 이 사회에는 악을 끼치고도
죄로 인정치 않는 자가 있는가 하면, 덕을 끼치고도 공을 감추려는 자도 많다. 대인
관계 매너가 다 다르듯이 운전 습관도 다 다르며, 이는 인품, 인격과도 직결된다.
　나쁜 운전 습관은 남에게 엄청난 스트레스를 안겨주기도 하고, 때로는 나쁜 운전
습관은 남에게 엄청난 스트레스를 안겨주기도 하고, 때로는 본인은 물론 남의 일생

에 치명타를 입히는 흉기가 될 수 있음을 간과해서는 안 된다.

　나쁜 운전 습관을 스스로 고쳐 바른 운전 습관을 기르도록 해야겠다. 우리는 예로부터 스승의 그림자도 밟지 않고 윗사람의 행보를 가로지르지 않는 예법을 중시해왔다. 운전에서 방향지시등은 방향을 알리기도 하지만 '실례한다!'는 뜻이 담겨 있다. 그런데 방향지시등도 없이 차로변경이나 앞지르기하는 버릇은 예절과 질서를 무시하고 땀 흘림 없이 수확하려는 불로소득의 기질을 키운다.

　과속, 신호위반, 불법U턴 버릇은 감시만 없다면 불법을 자행하고 분, 초를 다투는 조급한 성품과 기회주의자로 성장하는 연습과정이다. 또 불법주차, 운행 중 담배꽁초 등 오물투기의 버릇은 공공질서를 무시하고 자기만 아는 이기주의자로 성장하는 과정이다.

　네거리에서 조금만 늦게 출발하면 경적에 라이트를 깜박이고 삿대질을 하는가 하면, 교통사고가 났을 때 차를 빼고 사태를 수습하기보다 멱살부터 잡는 습성은 결국 큰소리와 고성의 토론문화로 성장한다. 사고는 결코 우연이 아니다. 욕심이 잉태하여 죄를 낳듯이 평소의 버릇이 자라나 사고를 낳는다. "생각은 언행을 낳고 언행은 습관을, 습관은 인격을, 인격은 운명을 낳는다." 생각과 운전의 버릇은 운명을 좌우할 정도로 인생과 크나큰 함수관계에 있다. 깔끔한 운전매너로 출발하는 하루는 대인관계도 부드러워 일과가 즐겁고 능률도 높다. 또한 운전은 위기관리능력과 환경대처능력을 함양시키는 멋진 인생 경영학이다.

　우리는 다 가정의 운전자요 직장·사회의 운전자이자 경영자이다. 정치가도 최고경영자도 멋진 운전, 경영을 하려면 거창한 구호와 이론보다는 '농부가 많이 심어야 많이 거둔다!'는 자연의 원리를 배워야 한다. 올해는 운전도, 경영도, 정치도 농부의 정신을 새겨 바른 길을 펼칠 것을 우리 모두 다짐하자.

[매일신문 2005. 02. 02]　곽병진 우리캐피탈(주) 부사장

3. 엘리베이터 내에서의 매너

① 승강기 탑승 시에는 타인을 먼저 배려하는 것이 매너이다.

　안내원이 있는 엘리베이터에서는 고객이나 상사가 먼저 탑승하며, 안내원이 없는 경우 본인이 먼저 탑승하여 승강기를 문 열림 상태로 조절하는 것이 매너이다.

②엘리베이터 내에서는 바른 자세로 정면을 응시하는 것이 매너이다.

불필요한 소음이나 행동으로 인하여 동승한 탑승객의 오해를 사지 않는 것이 매너이다.

③승강기에 오를 때에는 여성이 먼저 타고 내리는 것이 매너이다

④위급한 상황에는 당황하지 말고, 인터폰을 눌러 사고내용을 말한다.

승강기가 작동을 멈추었을 때에는 당황하지 말고 침착하게 승강기내의 인터폰을 눌러 사고 내용을 보고하고, 동승자가 당황하지 않도록 유도한다.

4. 출입문을 열고 닫을 때의 매너

다양한 구조의 건축물이 있듯이 문을 개폐하는 데에도 여러 방식이 있다. 출입문의 유형에 따른 매너를 살펴보자.

①앞으로 당겨서 여는 출입문 : 가장 일반적인 형태의 출입문으로서, 개·폐시 오른손으로 문을 당긴 후 왼손으로 출입 방향을 가리켜 입장과 퇴장을 유도하며, 본인은 마지막에 입·퇴실하는 것이 매너이다.

②밀어서 여는 출입문 : 문을 여는 사람이 먼저 문을 밀고 입장한 후, 왼손으로 문을 잡고 문에 붙어선 후 오른손으로 입·퇴장을 유도한다.

5. 계단을 이용할 때의 요령

계단을 이용하여 이동할 경우, 여성을 배려하는 것이 매너이다. 계단을 오를 때는 남성이 먼저 앞장선다. 내려갈 경우에는 반대로 여성이 먼저 내려가며, 이때 여성은 계단을 사선으로 내려간다.

🌸 매너이야기 🌸 🌸 ✻ ✵

▶▶▶전철과 관련한 재미있는 이론

■ 전철에서 앉아 가려면 연인 뒤에 서지 말라.

전철을 이용하는 사람이라면 누구나 자신만의 노하우를 가지고 있을 것이다. 금방 내릴 것 같은 사람을 알아채는 기술 말이다. 일본에서는 이렇듯 누구나 가지고 있을 법한 뻔해 보이는 기술을 활자화해 성공한 사람이 있다.

〈출퇴근 전철에서 앉는 기술!(通勤電車で座る技術!)〉

인쇄회사에 근무하는 27세의 평범한 샐러리맨 요로즈 하지메(萬大)는 전철로 출퇴근하면서 지루함을 달랠 흥밋거리를 찾아냈다. 인간관찰을 시작한 것. 즉, 어떤 사람 앞에 서면 의자에 앉아서 갈 수 있을까 유심히 관찰하던 그는 이것을 자신이 운영하는 메일 매거진에 연재하기 시작했다. 그의 이런 행동은 간키 출판사 편집자 눈에 띄게 돼 지난 3월 출판하기에 이른 것이다. 이 책은 현재 3만부 이상 팔려나갔다.

이 책은 영국, 터키 등 비슷한 출퇴근 전철 환경을 가진 나라들에 소개되면서 해외에서도 인기를 끌게 됐다. 특히 지난 4월 6일자 〈더 타임스〉에 이 책이 소개되면서 일본에서도 더 유명해졌다. 여름에는 영국에서 번역본이 출판될 예정이다. 또 영화사에서도 영화화를 계획 중이다. 편집자인 마키모토 타로(牧本太郎)씨는 이런 추세라면 가을까지 5~6만부 이상 팔릴 것으로 예상하고 있다. 요로즈 하지메는 도대체 어떤 노하우를 터득한 걸까.

1. 연인 뒤에는 줄 서지 말라.

앉기 위해서는 타기 전에 먼저 줄을 잘 서야 한다.

3열일 경우 확률상 앞에서 4번째 줄에 서 있는 사람까지 좌석을 차지할 수 있다. 5번째 줄에 선 사람은 다음 열차를 이용하는 게 낫다. 3열로 줄을 설 경우 가운데 줄에 서는 것이 자리 선택의 폭이 넓어 유리하다. 2열로 줄을 서 있을 경우 용기를 내 3열을 만든다. 계단에서 두 번째로 가까운 출입문에 선다. 가장 가까운 문은 타고내리는 사람이 많아 빨리 탈 수 없다. 열차의 양쪽 끝 출입문 앞에 선다. 역시 타고내리는 사람이 적은 편이다. 연인들 뒤에는 서지 않는다. 남녀가 함께 움직이므로 재빨리 자리를 잡을 수가 없다.

2. 앉으려면 잘 서야 한다.

앉은 사람의 정면에 서지 말고, 내릴 통로를 감안해 약간 비켜 서 있는다. 서 있을 때 선반에 짐을 올려놓지 않는다. 짐을 내리는 사이 자리를 뺏길 수 있다. 이는 서서 가는 것을 기정사실화하는 동작이기도 하다(양쪽 끝자리에 있다. 이것은 서서 가는 것을 기정사실화하는 동작이기도 하다).

양쪽 끝자리에 앉은 사람 앞에 선다.

인기가 있는 자리이므로 옆자리에 앉은 사람이 이동해서 앉는 경우가 많다. 즉 장시간 앉아있던 승객일 가능성이 높으므로 내릴 확률도 높아진다. 옷차림이 반듯하고 일 잘하고 자존심이 셀 것 같은 사람 옆에 선다. 이런 사람들은 대개 자존심을 지키느라 자리가 나도 잘 앉지 않는다.

3. 내릴 승객을 알아낸다.

같은 시간, 같은 위치에서 타면 대개 낯익은 얼굴을 보게 된다. 그들이 어디에서 내리는지 기억해 둔다. 리스트가 많을수록 좋다. 자는 사람 중에 고개를 정면으로 향하고 자는 사람이 금방 내린다. 고개를 숙이고 자는 사람은 자리를 양보할 의사가 없는 사람, 고개를 뒤로 젖히고 자는 사람은 먼 길을 가는 사람이므로 피한다. 두꺼운 책을 보는 사람보다 문고판 책을 보는 사람을 노린다. 학생들의 교복을 알아두면 어디서 내릴지 짐작할 수 있다. 회사원의 경우 회사 배지를 살핀다.

여성들의 경우 패션에 따라 내리는 곳이 다르다. 내릴 전조동작을 놓치지 않는다. 창밖을 흘끗흘끗 보거나, 책이나 이어폰 등을 정리한다거나, 손잡이나 선반을 쳐다보는 등의 행동이 전조동작에 해당된다.

위와 같은 내용을 일러스트와 그림 앙케트를 통한 통계를 곁들여 소개하고 있는데, 저자의 독특한 표현법이 웃음을 자아낸다. 저자 나름대로 유형화하여 차근차근 정리하고 꾸준히 연재해 온 끈기와 인간관찰의 예리함이 돋보인다. 확률과 인간심리를 적절히 섞어 개그를 보는 듯한 재미도 있다.

4. 전철과 인터넷의 결합 "재밌네!"

독자들의 반응도 어쨌거나 재미있다는 쪽이다. 복잡한 전철도 마음먹기에 따라 즐거운 공간이 될 수 있다는 것. 책에 실린 기술을 적용해 앉을 확률을 높였다는 사람, 지방의 한적한 전철에서는 의미가 없다는 사람, 다들 똑같은 기술을 적용한다면 앉을 확률도 그만큼 떨어지는 것 아니냐고 반론하는 사람, 전철 안에서의 매너에 대해 생각할 기회를 가졌다는 사람 등 이 책으로 인해 전철이 또 하나의 화두가 된 것만은 사실이다.

사실 철도왕국이라 불릴 만큼 전국이 철도로 잘 연결된 나라 일본의 철도를 살펴보면 이 책의 성공은 당연하게 느껴질 정도다. 도쿄를 중심으로 한 수도권철도노선도에는 지하철, 사철, JR(일본국철의 민영화된 이름)선, 신칸센 등 37개 노선이 뒤엉켜있다. 거기에 보통, 급행, 특급 등 종류도 다양해 미로게임을 연상할 정도다. 심지어 출퇴근 시간엔 만원전철 안으로 손님을 밀어 넣어주는 요원이 배치된 역도 있다.

2000년도 일본 국세조사에 의하면 통근·통학시 철도 및 전철을 이용하는 사람은 전국적으로 23.6%(1466만명 가량)이며, 철도 노선이 많은 수도권 및 오사카 등은 그 이용자수가 더 많아 도쿄의 경우 이 지역 통근, 통학인구의 52.4%에 이르는 것으로 나타나 있다. 그만큼 전철을 비롯한 철도는 일본인들에게 아주 중요하고 친숙한 교통수단이다.

한편, 요로즈 하지메는 자신의 일명 '싯 다운 테크닉(sit down technique)'에 3가지 전제조건이 있음을 밝히고 있는데, 주위에 폐를 끼치지 말 것, 양보정신을 잊지 말 것, 무엇보다 출퇴근 전철을 즐기도록 노력할 것이 그것이다.

■ 전철에서 발생한 연애사건 〈전철맨〉, 일본열도를 강타하다

요로즈 하지메의 〈출퇴근 전철에서 앉는 기술!〉이 복잡한 전철에서의 실용적 테크닉 노하우 소개로 성공했다면, 이보다 먼저 '전철'이라는 공간을 로맨틱하게 풀어내 대박행진을 거듭하고 있는 책도 있다.

■ 〈전철맨〉에 담긴 러브스토리

내용은 대강 이렇다. 별 볼일 없는 22세의 오타쿠(애니메이션, 만화, 게임 등 특정 분야에 몰두해 그것 외에는 관심이 없는 사람) 청년이 전철에서 술주정꾼에게 봉변을 당할 뻔한 여성들을 얼떨결에 구해준다. 그는 이 이야기를 인터넷 게시판의 불특정 다수에게 털어놓는데, 이틀 후 그 중의 한 젊고 세련된 여성으로부터 감사의 뜻을 담은 편지와 선물이 도착한다.

22살이 되도록 연애경험이라곤 전혀 없었던 그는 어찌할 바를 몰라 익명 게시판의 '독신남성 방' 사람들에게 도움을 청한다. 이후 그 청년은 '전철맨'으로 그녀는 '에르메스'로 명명된다. 전철에서의 선행으로 그가 받은 선물이 명품 브랜드 에르메스의 찻잔 세트였던 것.

이 선물의 의미를 두고 게시판에선 이런저런 의견이 오가고 결국 '전철맨'이 '에르메스'에게 감사의 전화를 해서 식사에 초대해야 한다는 쪽으로 의견이 모아진다. 이들의 조언은 상당히 구체적이고 세심하다. 통화예절, 말투, 초대방법, 음식점 선택법, 의상코디, 헤어스타일, 데이트 에티켓, 시뮬레이션 등 각자의 경험과 아이디어를 총

동원해 '전철맨'을 지원한다.

이들의 따뜻한 조언과 응원, 질책에 힘입어 '전철맨'은 연애과정의 장애를 하나씩 해결해가고, 결국 에르메스와 맺어진다. 〈전철맨〉은 현재까지는 실화로 알려졌으나 두 남녀가 신분노출을 꺼려 언론에는 모습을 드러내지 않고 있다.

출처 : (오마이 뉴스 2005. 07. 20)

제2절 여가생활과 관람매너

주5일제 근무와 더불어 여가시간이 날로 증대되고 있기 때문에 여가활동은 개인의 행복은 물론, 건전한 사회발전의 중요한 요소이다. 체육활동을 통해 다양한 평생 스포츠를 접하게 됨으로써 건전한 여가활동을 할 수 있는 기초를 마련할 수 있다. 인간의 욕구는 다양하며, 끝이 없다. 건전한 여가를 즐길 수 있는 준비가 되어 있지 않은 사람은 자칫 쾌락적이거나 도박성이 강한 놀이에 탐닉하기 쉽다. 건전한 여가활동을 위한 준비가 필요하다. 현대인은 여가를 어떻게 활용하느냐에 따라 얼마나 즐겁고 행복한 생애를 누리느냐가 결정된다(하남길, 2004).

여가활동이라는 것은 혼자서 시간을 보낼 수도 있지만, 많은 경우 여러 사람들과 더불어 장소나 시간을 공유한다. 소수의 사람들로 인하여 다수의 여가활동 시간이 방해를 받는다면 안 될 것이다. 질서의 파괴나, 남을 배려하지 않는 행동, 고성방가(高聲放歌), 그리고 "나 하나쯤이야" 하는 생각들이 타인에게 피해를 주게 되는 것이다. 이런 이유에서 모두가 즐거움을 가질 수 있고 즐거운 여가시간을 영위하기 위하여 여가생활 매너가 필요하다.

1. 스포츠 매너

많은 여가활동 중에서 스포츠 활동이야말로 가장 대중적인 여가활동 부문이라 할 수 있다. 스포츠는 심신의 단련뿐만 아니라, 사회생활의 연속선상으로 볼 수도 있다.

업무와 관련된 인간관계의 유지뿐만 아니라, 더 나아가 개인의 사회적 관계를 넓

히고 유지시켜 줄 수 있도록 연결고리 역할을 하기 때문이다.

모든 종류의 스포츠 경기에는 각각의 룰이 있다. 그러나 룰만으로 진행되는 것이 스포츠 경기는 아니다. 룰과 매너를 지키는 신사도 정신, 타인을 배려하는 마음, 협동심 등등 많은 부분 사회적 매너와 유사한 정신을 필요로 한다. 보다 유쾌하고 차원 높은 스포츠 활동을 위한 스포츠 매너를 살펴보자.

2. 여가생활에서 스포츠의 필요성

(1) 스포츠 활동의 필요성

스포츠 활동은 신체의 기본적 욕구이다. 인체는 활동하도록 만들어져 있어, 만일 그렇지 않을 때에는 기능이 퇴화한다. 운동을 하지 않음으로써 자신의 잠재적 능력보다 낮은 수준에서 활동을 하게 되며, 그 결과 생활에서 얻을 수 있는 여러 가지 기회를 상실하게 된다.

일례로 단련이 안 된 신체는 자신이 사용할 수 있는 에너지의 활용에 있어 27%의 효율밖에 안되지만, 규칙적인 스포츠 활동을 함으로써 56% 이상으로 끌어올릴 수 있다고 한다. 증가된 효율성은 생활의 모든 면에 큰 영향을 줄 것이다. 활동의 능력이 증가됨에 따라 작업이 덜 피로해지며 여가시간을 더욱 즐겁게 보낼

수 있다.

증가된 인체의 효율성은 또한 질병이나 인체기능의 퇴화를 방지한다. 그래서 건강하고 활동적인 생활이 더욱 연장되며 노화현상을 완화시킨다. 생리학적으로 모든 인체기관은 규칙적인 운동으로 인해 기능이 향상된다. 실시한 운동의 강도와 종류에 따라서 크기, 힘, 강도, 지구력, 유연성이 증가하며 반사와 협용(侠勇)성이 향상된다.

규칙적인 스포츠 활동은 심장질환의 위험을 크게 감소시키고 심장의 힘, 지구력, 효율성을 증가시킨다. 단련된 사람의 심박 수는 분당 60~70회이지만(하루에 86,400~ 100,800회) 단련되지 않은 사람의 심박 수는 분당 80~100회이다(하루에 115,200~ 144,000회).

단련된 사람의 심장은 그렇지 못한 사람보다 훨씬 능률적이며 피로와 긴장을 덜 느끼게 된다. 운동을 함으로써 심장 혈관기관의 순환능력을 향상시킨다. 더 많은 모세혈관이 활동조직에 형성되어서 영양분과 산소의 공급을 증가시키며, 또 운동을 함으로써 관내의 과잉 지방질을 제거하고 동맥 내의 지방축적을 방지한다.

표 4-1 스포츠 활동과 신체변화

심 장	심장박동의 증가, 관상순환의 증가, 피로회복시간의 감소
폐	호흡량의 증가－효율성의 증가
근 육	혈액순환의 증가, 힘과 지구력의 증가
신경기관	반응성의 증가－스트레스의 감소

운동은 호흡기관의 능력 역시 증가시킨다. 폐활량(한 번에 흡입한 공기량)과 환기량(어느 일정한 기간에 흡입한 공기량)이 모두 증가하며 또 폐 속에서 일어나는 가스교환의 효율성 역시 증가한다. 신경기관 역시 협용성과 반응성이 증가하므로 좋은 결과를 가져온다. 또한 율동적인 운동이나 경기를 통해서 정신적인 긴장을 해

소할 수 있다.

스포츠 활동을 하는 사람은 그렇지 않은 사람에 비하여 면역력이 증가되어 질병에 걸릴 위험이 낮아지며 질병에 걸렸더라도 회복기간이 단축된다. 또한 피로감을 덜 느끼며 업무와 관련하여 보다 적은 에너지로 활동적이며 스트레스의 노출에도 저항력을 갖게 된다고 한다.

일반인의 스포츠 활동은 신체적 기능들의 향상뿐만 아니라 정신적으로도 긍정적 사고를 유도하고, 주변의 부정적인 자극으로부터 자신을 지킬 수 있는 올바른 생활 습관을 유지할 수 있도록 해준다.

(2) 운동부족현상 해소

현대인의 과중한 업무와 각종 스트레스는 신체활동을 최소화시키고 몸과 마음의 불균형을 초래하고 있다. 또한 과학문명의 발달로 인하여 인간은 육체노동보다 정신적 노동의 시간이 증대되었다.

정신적 노동시간의 증대로 인한 운동부족 현상이 1차적으로는 체력저하, 면역력 감소, 더 나아가 정신질환 등 각종 질병의 원인이 되고 있다.

규칙적인 스포츠 활동을 통해 정신적, 감성적 노동으로부터 발생되는 운동부족 현상과 스트레스를 관리할 수 있으며, 개인의 건강유지와 체력 향상에도 도움이 된다.

(3) 국민복지수준의 향상

국가적 차원에서 국민의 복지나 삶의 만족 등과 관련한 절대적 기준은 존재하지 않으며 국민총생산(GNP)과 비례하여 국민복지와 삶의 만족도가 향상되는 것만도 아니다.

국민총생산의 증대와 더불어 산업화에 따른 공해문제, 빈부 격차의 증가, 사회적 갈등의 표출 등 여러 부작용이 국민복지나 삶의 만족도에 부정적인 영향을 미칠 수 있다는 것이다. 따라서 국민소득이 증대되고, 국민총생산이 증대된다고 해서 모든 사람이 행복한 삶을 영위해 나갈 수 있다는 것은 아니라는 것이다.

국민복지와 삶의 만족이라는 것이 상대적인 것이고, 개인이나 시대적 상황에 따라서 변화되겠지만, 중요한 것은 국민의 기본적인 행복추구권이 보장될 수 있는 사회적, 제도적 뒷받침이 '잘사는 국가', '행복한 국가'의 기본이 될 것이다.

우리나라의 경우 1988년 서울올림픽과 2002년 한일월드컵이라는 국제적 규모의 스포츠 행사를 유치하면서 국가적 차원의 국민체육진흥정책의 기틀을 마련하였고, 국민들 스스로가 스포츠 활동에 대한 관심이 증대되어 모두가 즐길 수 있는 생활체육의 시대로 접어들었다.

(4) 시민정신 함양

여가시간의 증대를 인류의 위기 중 한 요소라고 보는 시각도 존재한다. 자유시간의 증가가 향락과 타락 일색의 시간들로 채워진다면 한 국가의 미래는 어둡기만 할 것이다. 국가의 번영과 개인의 발전 그리고 건전한 사회의 구현은 그 구성원들이 어떻게 여가시간을 보내느냐에 따라서 좌우된다 해도 과언은 아닐 것이다.

이러한 측면에서 스포츠 활동은 여러 여가활동 중에서 가장 건전하고 학습적인 활동으로서 바람직한 인간관계의 형성과 올바른 시민정신을 고취시킬 수 있다. 또한 스포츠 활동은 건강하고 올바른 국가를 수립하는 민주시민을 육성하는 기초적 역할을 담당한다.

3. 스포츠경기 관람 요령

스포츠경기와 관련해서, 현대인들은 각종 경기를 관람할 수 있는 기회를 접하게 된다. 국내 프로야구 경기에서부터 시작해 국가대항 축구경기까지, 스포츠 강국 대한민국에서 스포츠경기를 관람하는 것은 그리 어려운 일만이 아니다. 누구나 접할 수 있는 스포츠경기의 관람이지만, 경기장을 찾았을 때 관람객의 입장에서 지켜야 할 여러 가지 준수사항이 있다.

이러한 준수사항을 스포츠경기 관람매너라고 한다. 남을 배려하지 않는 행동으로 인해 오랜만에 찾은 경기장에서 타인의 기분을 상하게 한다거나, 더 나아가 국제적인 경기에서 적절하지 못한 관람매너는 국가의 위상과도 관련이 되는 문제라고 할 수 있겠다.

스포츠경기 관람에서 지켜야 할 매너에 관해서 살펴보도록 하자.

① 상대편 선수를 향해 야유를 한다든지 장내에 물건을 던지는 행위는 절대로 금물이다.

간혹, 경기에 몰두하다 보면 자신도 모르게 흥분을 하게 된다. 이럴 때 큰소리로 상대편 선수에게 야유를 한다든지 심지어 격분하여 물건을 던지는 행위는 절대로 해서는 안 되는 행동이다.

간혹 심리적 응원의 차원에서 상대편의 기세를 꺾기 위한 응원도 진행이 되지만, 가급적 비신사적인 야유는 피하는 것이 매너이다. 또한 경기도중 심판의 판정에 불복하여 심판에게 심한 언행을 하는 것도 삼가해야 한다. 인간의 눈으로 판정할 수 있는 부분에는 한계가 있기 때문에 심판의 불합리한 판정에도 승복할 줄 아는 스포츠정신을 기억하자.

② 주변사람의 관람을 방해하지 않는 것이 매너이다.

경기의 관람에 몰두하게 되면 자신도 모르게 고함을 지른다던지, 자리에서 일어나게 된다. 이러한 경우 주변사람들의 시각과 청각에 영향을 미치게 되고 타인의 기분을 상하게 할 수 있다. 가급적 주변의 분위기에 방해가 되지 않는 정도에서 관람을 할 수 있도록 한다.

③ 좌석 주변을 청결하게 유지하는 것이 매너이다.

팝콘이나 스낵을 먹고 나서 쓰레기를 좌석 밑에 버린다거나, 보이지 않는 곳에

숨기는 행위는 매너 있는 행동이 아니다. 허용되지 않는 음식물을 반입하지 않는 것 또한 매너이다.

④ **경기에 활력을 줄 수 있도록 주위사람과 융합하는 것도 매너이다.**

국가대항 축구경기에는 언제나 '붉은악마'라는 국가대표 축구팀의 서포터들이 자리한다. 그들과 하나 되어 국민 모두가 응원단이었던 2002월드컵처럼, 주변과 융화된 절도 있는 응원은 시너지효과를 발휘한다. 용기 내어 함께하는 응원도 경기장 매너인 것이다.

⑤ **상대의 멋진 경기나 실수에도 아낌없는 응원을 보내는 것이 매너이다.**

스포츠경기는 한 팀 또는 한명으로는 경기를 치룰 수가 없다. 상대편이 있기에 내가 응원하는 팀이 경기를 치룰 수 있는 것이다. 모두가 열심히 경기에 임하는 모습은 아름다운 것이다.

상대의 멋진 경기운영에 박수를 보내는 것은 아름다운 매너인 것이고 스포츠경기의 미학인 것이다.

4. 전시장 · 박물관에서의 매너

전시장 또는 박물관이란 역사, 예술, 민속, 산업, 과학 등 고고학자료, 미술품, 기타 인문, 자연에 관한 학술적 자료를 수집 · 보관 · 진열하여 교육적 배려 하에 일반 대중의 전람에 이바지하고, 또 그들의 자료에 대하여 조사 · 연구하는 시설물을 말한다. 전시 · 박물관의 현대적 의미는 국가의 역사와 문화를 홍보 · 안내하는 중요한 역할을 담당할 뿐만 아니라, 각종 음악회, 대중문화 공연, 세계적 유명 작가들의 순회 전시, 각종 문화적 실험 전시 등 그 나라의 문화적 성숙도를 가늠할 수 있는 공간으로서의 역할을 하고 있다. 다양한 문화행사와 더불어 수준 높은 여가시간을 보낼 수 있는 휴식공간으로서 자리매김하고 있는 전시 · 박물관에서의 매너를 살펴보자.

① **관계자의 지시에 따라 질서를 지키는 것이 매너이다.**

주말에는 각종 전시·박물관이 번잡하기 마련이다. 먼저 관람하기 위해 타인의 기분을 상하게 해서는 안 될 것이다. 모두가 편안한 관람이 될 수 있도록 질서유지에 앞장선다.

② **전시품에 손을 대지 않는 것이 매너이다.**

간혹 설치 미술품의 경우, 손으로 직접 체험을 할 수 있는 경우가 있다. 하지만 대부분의 작품들은 작가나 관계자의 허락 없이 만지지 않는 것이 매너이다. 본래의 모습 그대로 유지시켜 많은 이가 즐거움을 가질 수 있도록 하는 것 또한 매너이다.

③ **전시품과 관련하여 큰소리로 자신의 견해를 말하지 않는 것이 매너이다.**

예술작품은 보는 이의 시각과 감성에 따라 받는 느낌이 다르며, 그에 따른 해석도 극히 주관적인 것이라 할 수 있다. 따라서 작품과 관련한 자신의 생각을 큰소리로 피력하지 않는 것이 매너이다.

④ **혼잡할 때 한 전시품목 앞에 오래 머무르지 않는 것이 매너이다.**

간혹 작품을 감상하다보면 유독 매력적인 작품들이 있다. 그러한 작품 앞에서 자신도 모르게 오랫동안 지체하게 되기도 하지만, 관람객이 많은 경우 타인에게 불쾌감을 줄 수도 있다. 이런 경우, 본인으로 인해 타인의 관람이 지체되지 않도록 가벼운 눈인사와 함께 먼저 지나가라는 표시를 하고 관람하는 것이 매너이다.

⑤ **사진촬영은 허가를 받는 것이 매너이다.**

예술작품이나 고고(考古)유물 같은 경우, 카메라 촬영이 극히 제한적이고 어떤 경우에는 절대 삼가야 할 행동이다. 휴대용 디지털카메라의 보급으로 많은 것을 영상으로 담으려고 생각 없이 셔터를 눌렀다가 큰 망신을 당할 수도 있다. 작품은 작가의 지적재산이며, 또한 고고학적 유물의 경우 카메라의 플래시로 인하여 유물에 해를 입힐 수가 있기 때문에 사진촬영은 반드시 사전에 허가를 받아야 하는 사항이다.

⑥ **동행한 아이가 타인을 방해하지 않도록 하는 것이 매너이다.**

전시 · 박물관은 놀이터가 아니다. 많은 사람들이 심신의 안정을 찾고, 예술적 가치를 심미하기 위한 장소이다. 이러한 장소에서 아이들이 시끄럽게 떠들고 뛰어다닌다면 타인에게 방해를 줄 뿐만 아니라, 국가적 문화수준에도 안 좋은 영향을 미칠 수 있다. 아이들이 작품을 이해하고 해석할 수 있도록 부모들이 유도하는 것이 교육적으로 전시/박물관을 이용하는 매너이다.

5. 공연관람 매너

문화생활에 대한 대중들의 관심이 증가하고, 각종 문화시설이 생겨남에 따라 다양한 분야의 공연들을 접할 기회가 많아졌다. 또한 한국영화의 비약적인 발전과 더불어 이제 한국은 아시아 영화의 중심지로 자리 잡아 가고 있는 실정이다.

다양한 분야의 공연과 관련한 관람매너에 관하여 살펴보자.

[연극, 영화 관람매너]

① 공연시작 10분전에 착석한다.
② 공연이 시작되면, 가급적 음식물을 먹지 않는다.
③ 공연 중에는 공연내용과 관련해서 옆 사람과 큰소리로 얘기하지 않는다.
④ 화장실은 공연이 시작되기 전에 다녀오고, 공연 중 부득이한 경우 타인의 시선을 방해하지 않도록 객석을 빠져나간다.
⑤ 연극이 끝나고 막이 내릴 때까지 자리에서 일어나지 않는다.
⑥ 휴대전화는 반드시 꺼놓는다.

[음악회장에서의 관람매너]

① 음악회의 성격에 따라 정장이나 주변사람에게 불쾌감을 주지 않는 복장이 매너. 클래식한 음악회의 경우, 포멀(formal)한 정장을 입는 것이 매너이다. 그렇다고 너무 복장에 신경이 쓰여 음악회 관람에 지장을 받아서는 안 되며, 자신과 타인이 모두 편안한 느낌을 받을 수 있는 복장이 가장 좋다.

② 공연 시작 10분전 착석하는 것이 매너이다. 자리에 착석하기에 앞서 반드시 본인의 자리인지 확인하는 것이 매너이며, 타인의 앞을 지날 때는 작은 소리로 "실례합니다!"라고 말한다.

③ 박수는 곡이 끝난 후 치는 것이 매너이다. 교향곡이나 협주곡 등 3~4 악장으로 되어 있는 곡은 곡이 끝난 후에 박수를 치며, 기악 연주는 소품일 경우 곡이 끝날 때마다 박수를 친다.

④ 오페라에서는 '아리아'나 '이중창' 등이 끝나면 박수를 치며, 환호의 의미에서 '브라보(bravo)'를 외친다.

6. 쇼핑매너

여가활동에 있어서 쇼핑을 빼놓을 수 없을 것이다. 쇼핑이라는 것이 단순히 사치를 목적으로 하는 것이 아니라, 일주일간의 생필품을 구입한다거나 맛있는 요리를 위하여 보다 양질의 재료를 구입하기 위한 노력의 일환일 수 있기 때문이다. 자본주의 사회에 있어서 금전의 지급을 통한 물품의 구매는 사회가 건강하게 가동되고 있다는 증거인 것이다.

그러나 단순히 물건을 구매하는 데 있어서 "내가 내 돈으로 물건을 사준다는데"라는 사고는 금전의 획득과 사용에 있어서 부정적 행동양식을 야기할 수 있다. 금전의 사용에 있어서도 올바른 매너가 수반되어야 즐거운 쇼핑과 바람직한 사회를 구현할 수 있는 초석이 된다.

[쇼핑매너]

①맘에 드는 상품을 보고 싶을 때에는 공손하게 부탁한다.
②물품과 관련한 정보가 궁금할 땐 점원이나 접객 요원을 존중하는 의미에서 눈을 쳐다보고 물어본다.
③어떠한 경우에도 점원에게 말을 낮추지 않는다.
④여러 상품을 봤음에도 맘에 들지 않을 때에는 "실례했습니다.", "감사합니다."라고 인사를 한다.
⑤정찰제의 점포에서 물건을 할인해 달라고 하지 않는다.
⑥불만사항은 점포의 지배인에게 말한다.

✿ 매너이야기 ✿ ✿ ✿ ✿

■ 몸에 밴 골프장 매너

영국이 골프의 발상지라고 한다. 스코틀랜드에 있는 세인트 앤드루 골프장의 올드 코스에서 처음 18홀 골프가 시작되었고, 그곳에서 모든 골프규칙이 정해졌다고 한다. 골프의 발상지에 사는 사람답게 골프를 즐기는 영국 교포가 많이 있다.

골프를 우리네 인생살이에 비유하는 경우가 많다. 인생을 살다 보면 순조롭게잘 풀릴 때도 있고 무슨 마가 끼었는지 하는 일마다 안 될 때도 있기 마련이다. 마찬가지로 골프도 어떤 날은 신기하게 잘 맞는 날이 있는가 하면, 도저히 이런 샷이 나올수가 없는데 할 정도로 안 맞는 날이 있게 마련이다.

인생을 미래에 속아서 산다는 말이 있듯이 골프 또한 '혹시나' 하고 잔뜩 기대하고 갔다가 올 때에는 '역시나' 하고 풀이 죽어 돌아오는 경우가 허다하다. 항상 열심히 연습하는 사람이 잘 치게 마련인데, 연습도 하지 않고 가끔씩 주말에만 치는 골퍼들이 너무 점수에 집착하여 일희일비할 필요는 없다고 생각한다.

우리가 세상을 살다 보면 좋은 일, 궂은 일 다 경험하게 되는데, 골프도 오늘 잘 맞았다고 너무 좋아할 일도 아니고, 또 너무 안 됐다고 의기 소침할일도 없다고 생각한다. 내일 잘 치면 되니까 항상 희망을 갖고 사는 것이 정신건강에도 좋다고 생각한다.

세상살이도 혼자 살 수 없고 골프도 혼자 칠 수 없기 때문에 샷의 기술 외에 한 가지 더 매너, 예의범절을 추가하면 금상첨화라고 생각한다. 골프도 나 혼자 또는 내 팀만 치는 것이 아니고 다른 많은 사람이 함께 치기 때문에 다른 사람들에게 결례를 해서는 안 된다. 우리가 이래서는 안 된다고 생각을 하면서도 무의식적으로 범하는 실수가 많다.

우선 시간을 잘 지켜야 한다. 적어도 티타임 30분 전에 골프장에 도착하는 것이 좋다고 생각한다. 늦어서 헐레벌떡 도착해 팀 동료에게 미안해하며 치는 골프가 잘 맞을 리 없고 기다리느라고 짜증난 팀 동료도 잘 맞을 리 없을 것이다. 팀 동료가 티샷이나 퍼팅을 할 때 떠드는 사람, 다음 홀로 이동하면서 다른 팀이 티샷을 하거나 말거나 큰소리로 떠드는 사람, 자기 공은 시간이 얼마가 걸리든 끝까지 찾고 남의 공을 찾을 때는 조금 찾다가 가자고 하는 사람, 다른 사람은 티샷이 안 끝났는데 혼자 먼저가는 사람, 퍼팅이 뜻대로 안 됐다고 화를 내며 다른 사람이 퍼팅이 안 끝

났는데 혼자 가버리는 사람, 뒤 팀이 밀리든 말든 골프장을 전세 낸 것처럼 연습스
윙도 몇 차례씩 하며, 천천히 아주 여유롭게 '대통령 골프'를 치는 등등. 이 밖에도
저런 행동은 하지 말았으면 하고 한 번씩 생각했던 일이 많을 것이다.

　우리가 조금씩만 다른 사람에게 신경을 쓰고 예의를 지킬 때 골프를 더욱 멋지게
즐길 수 있고 멋있게 잘 맞은 것처럼 근심, 걱정, 고민, 짜증 등을 후련하게 날려 버
릴 수 있다고 생각한다. 골프를 치는 많은 사람이 진정으로 골프를 즐기는 진정한
마니아가 되길 기대한다.

[세계일보 2005. 01. 26]　오극동 밝은사회 영국본부총재

성공하는 리더의
글로벌 매너

제**5**장

방문 및 파티 매너

제5장

방문 및 파티 매너

제1절 방문 매너

1. 방문 전 예절

(1) 방문일시를 약속한다.

① 남의 집을 방문할 때에는 사전에 약속을 하고 나서 방문하는 것이 예의다.

② 전에 전화와 엽서 등으로 방문의 뜻을 전하고, 상대방의 상황을 확인한 후 방문일정을 결정한다.

③ 근처에 도착한 후에도 들어가기 전에 전화로 연락을 하고, 방문하는 것이 예의다.

(2) 식사시간을 피해서 방문한다.

① 상대방으로부터 초대된 것이 아니고, 스스로 방문하는 경우에는 식사시간이나 바쁜 시간대는 가급적이면 피하는 것이 좋다.

② 방문시간이 오전이라면 10시에서 11시 사이가 좋고, 오후라면 1시에서 4시 사이에 방문하는 것이 좋다.

③ 구미(歐美)에서는 오전시간에는 가정주부 자신은 물론 집안의 청소상태가 손님을 맞이할 준비가 되어 있지 않을 수도 있어 관습상 사교적 목적의 방문시간은 오후 4~6시경으로 생각하면 된다.

(3) 단정한 몸가짐을 한다.

① 구두가 더럽거나 안창이 벗겨져 있지는 않은지?

② 화장이 너무 진하거나 향수가 독하지 않은지?

③ 구두나 스타킹이 손상되지는 않았는지?

④ 구두나 발에서 냄새가 나지는 않은지?

⑤ 허벅지가 드러나는 미니스커트나, 너무 달라붙는 스커트를 입고 있지 않은지?

(4) 가져갈 선물을 준비해 놓는다.

① 항상 선물을 준비할 필요는 없지만, 조금 낯선 방문일 경우는 간단한 선물을 준비하는 것이 좋다.

② 본인의 형편에 맞는 범위에서 정성과 마음이 담긴 것으로 준비한다.

(5) 약속시간보다 빠른 도착은 실례다.

① 상대방은 약속시간에 맞춰서 손님맞이를 준비하고 있는데, 약속시간보다 일찍 도착하였을 경우에는 가까운 곳에서 시간을 보내고, 약속시간보다 약간 늦은 듯이 방문하는 것이 예의이다.

② 사정이 있어서 조금 늦을 경우에는 미리 전화를 걸어 양해를 구하고 몇 시 정도에 도착할 수 있는지 알려야 한다.

2. 방문지에 도착했을 때

(1) 코트와 모자는 현관 밖에서 벗는다.

① 방문지에 도착하면 먼저 초인종을 누르기 전에 한숨 돌리고, 복장을 다시 확인한다.

② 코트를 입고 있으면 현관 밖에서 벗은 후 팔에 걸고 장갑이나 모자 등은 밖에서 벗는다.

③ 비에 젖은 우산은 우산 꼭지가 없는 경우 현관 옆에 세워 두고 현관 안에는 놓지 않는다.

(2) 벨은 여러 번 울리지 않는다.

현관 앞에서 몸가짐을 확인한 후 초인종을 한번 누르고 상대방의 응답을 기다린다.

(3) 현관에서의 인사는 간단히 한다.

정식 인사는 방에 들어간 후에 하고, 현관에서는 선 채로 간단한 인사말을 한다.

(4) 신발을 벗을 때에는 상대방의 정면에서 벗는다.

① "어서 들어오세요" 하고 권하면 "실례합니다" 하고 정면을 향하여 신발을 벗는다.

② 뒤로 돌아서 벗는 것은 상대방에게 뒷모습을 보이게 되므로 조심해야 한다.

3. 방문 중 예절

① 안내를 받아 입실하게 되면 권하는 자리에 앉고 상좌는 사양한다.

② 방문 목적을 분명히 한다.

③ 화제를 풍부하고 즐겁게 한다.

④ 주인의 허락 없이 이 방 저 방 기웃거리거나 함부로 물건을 만지지 않는다.

⑤ 음식이 나오면 주인이 권할 때 감사의 표시를 하고 천천히 먹는다.

4. 방문 후 예절

① 용건이 끝나면 지체하지 말고 바로 일어선다.

② 방문목적을 마치면 꼭 인사를 드리고 식사 전에 돌아온다.

③ 집안의 어른이 있을 경우 반드시 인사를 드리고 나온다.

④ 돌아온 후 무사함을 전하고, 대접에 대한 감사전화를 한다.

5. 손님을 대접할 때

(1) 환대의 마음을 표한다.

① 가족 전원이 환영하는 마음을 표하는 것이 중요하다.

② 아이들에게도 어떠한 사람이 방문하는지를 일러둔다.

③ 도착 예정시간까지 정리를 끝내고, 다과를 준비한다.

④ 화장실과 세면장 청소에 신경을 쓴다.

⑤ 현관에 꽃을 꽂아 환대의 마음을 표한다.

⑥ 안내할 방을 깨끗이 하고 바닥이면 방석을 깔고 추운 날에는 바닥을 따뜻하게 해둔다.

⑦ 손님이 차를 몰고 올 경우 주차 문제에 대해 준비해야 한다.

⑧ 늦게 오는 사람을 위한 식사준비를 한다.

(2) 앞에 서서 방으로 안내한다.

① 현관의 벨이 울리면 하던 일을 멈추고 손님을 맞이해야 한다.

② 윗사람일 경우 부부가 함께 맞이해야 하며 정장을 입고 현관 입구에 나와 기다린다.

(3) 손님을 편안하게 해준다.

① 손님이 자리에 앉고 나면 다과를 내온다

② 용건이 있는 손님은 용건은 쉽게 꺼낼 수 있도록 분위기를 조성한다.

③ 어린이를 동반한 손님에게는 어린이가 놀 수 있는 것을 주어 어른들의 대화에 방해가 되지 않게 한다.

(4) 가져온 선물 받는 방법

① 케이크나 푸딩은 나중에 그릇에 담아 차와 함께 내온다.

② 친한 사이일 경우 앞에서 포장을 뜯고 함께 먹는다.

③ 답례를 하고 싶을 때에는 집안에 있는 것을 간단하게 포장해서 주되 부피가 크거나 무거운 것은 피한다.

(5) 배웅할 때의 매너

① 방문객이 자리를 뜨고자 할 경우에는 기다리고 있다는 듯한 대응은 실례이다.

② 가족 전원이 모여서 현관에서 인사, 아파트의 경우에는 엘리베이터까지 배웅한다.

③ 손님이 잊고 가는 것이 없는지 확인하고 옷매무새를 바로 할 수 있도록 도와준다.

④ 손님이 연로하거나 몸이 불편할 때에는 차를 타는 것까지 확인한다.

⑤ 손님이 집에 도착할 무렵에 전화를 걸어 무사히 귀가했는지 확인한다.

6. 비즈니스 시 방문과 접객

(1) 방문

① 사전에 전화로 약속한다.

② 출발에 앞서 필요한 자료와 소지품을 준비한다.

③ 시간을 엄수한다.

④ 도착 후 안내가 있는 경우엔 필히 경유한다.

(2) 방문객 맞이

① 처음 맞이하는 단계 : 고객이 들어오면 일어서서 미소를 띠며 가볍게 인사를 한다.

② 상대를 확인하고 용건을 듣는 단계 : 용건을 정중히 물어 본다.

③ 판단하는 단계 : 담당 부서의 담당자가 누구인지 정확히 판단한다.

④ 처리하는 단계 : 방문객의 용무가 정확하고 신속하게 처리되도록 배려한다.

⑤ 만족을 주었는지 아닌지를 확인한다.

(3) 방문객의 전송

① 전송 : 하던 일을 멈추고 손님을 전송한다

② 물품 : 보관품이 있을 경우 미리 준비하였다가 손님에게 전한다.

③ 배웅인사 : 손님의 상황에 따라 자리에서 배웅 인사를 할 것인지, 엘리베이터까지 배웅할 것인지, 또는 승용차 타는 데까지 배웅할 것인지를 융통성 있게 결정한다.

④ 승용차 : 필요한 경우 주차장에 연락하여 방문객의 승용차를 정문 입구에 대기한다.

⑤ 뒷정리 : 응접실을 정리하고 환기를 시켜 다음 방문객이 불편함이 없도록 한다.

제2절 파티 매너

1. 파티란

어떤 형식으로 열리든 그 목적은 서로가 허물없이 마음을 터놓고 이해하고 즐기면서 친밀한 인간관계를 보다 깊게 하는데 있다. 또한 파티는 많은 사람들이 다 같이 즐기기 위한 것으로 어느 정도의 룰이 정해져 있다.

2. 파티의 목적

파티는 여러 사람들이 모여 대화를 나누면서 서로를 이해하고 인간관계를 넓히며, 친목을 더욱 두텁게 하는데 목적이 있다.

3. 파티의 기본 매너

(1) 초대장은 반드시 자필로 쓴다.

① 정식 초대장은 직접 손으로 쓰는 것이 원칙이다.

② 10~20일 전에 발송하는 것이 예의이다.

③ 인쇄된 초청장을 사용하는 경우 : 첨언이나 서명 정도는 자필로 쓴다.

(2) 파티 참석 시간은 제시간에 맞추도록 한다.

① 파티장소가 공공장소면 무관하나 가정에서 치르는 파티는 일찍 도착하는 것은 실례이다.

② 빨라도 5분 전, 늦어도 10분 이상을 넘지 않아야 한다.

③ 늦는 경우 먼저 양해를 구한다.

(3) 초대에 응하고 부득이한 사정으로 참석하지 못할시 파티시작 몇 시간 전에 연락해 상황을 알려준다.

(4) 파티의 분위기가 내 취향이 아닐지라도 적당히 어울려 줄 수 있는 마음가짐이 필요하다.

(5) 파티가 끝나면 곧바로 떠나도록 한다.

① 단, 주빈이 자리를 뜨기 전까지 남아 있는 것이 예의이다.

② 먼저 떠야 할 경우 정중한 인사로 양해를 구하고 나와야 한다.

4. 초청자와 손님으로서의 예절

(1) 초청자로서의 예절

① 초대장을 미리 보내 손님의 참석여부를 확인한다.

② 초청자는 현관이나 입구에서 여초청자는 조금 떨어진 곳에서 손님을 맞이한다.

③ 안면이 없는 사람끼리 인사를 나눌 수 있는 자리를 주선하거나 직접 소개하여 자연스러운 분위기를 유도한다.

④ 식사시 음료는 손님의 오른편 뒤에서 권하며, 요리는 왼편에서 권한다. 식사가 끝난 후, 손님의 빈 그릇은 오른쪽에서 내간다.

⑤ 다과는 손님의 기호에 따라 준비한다.

⑥ 손님에게 음식을 무리하게 권하지 않으며 과잉 서비스로 손님을 부담스럽게 하지 않는다.

[파티에 초대하는 법]

① 파티장의 선정 : 장소는 파티의 목적, 초대인원, 예산 등에 맞추어 선정한다. 또한 유념해야 할 사항은 격식과 분위기, 초대객의 교통편, 넓이, 요리의 내용, 주차시설 등이다.

② 초대객의 인선 : 각 부서의 담당자로부터 초대하고 싶은 사람의 리스트를 모아 상사에게 제출하여 인선해 받는다.

③ 초대장 : 파티의 취지, 일시, 장소, 형식, 복장 등을 기입한다. 발송은 2~3주 전에 하고, 반송용 엽서로 참석 여부의 회답을 받도록 한다.

④ 파티장의 설치 : 착석식의 파티에서는 좌석 순을 원칙적으로는 사회적 지위를 우선하고 연령도 고려하여 배치한다.

⑤ 당일 업무 : 당일 초대객을 환영하면서 접수, 안내하고 손님들 중에 서로 모르는 사람이 있을 때에는 소개를 한다. 돌아갈 때 기념품과 선물을 전달하고 배웅한다.

⑥ 요리 준비 : 파티를 계획할 때 요리의 준비 기준은 초대장을 100장 냈다고 가정시 80% 정도의 손님이 참석한다고 보고 참석자의 90%분의 요리를 준비하면 적당하다.

(2) 손님으로서의 예절

① 빠른 시간 안에 참석여부를 알리고 참석시 선물을 준비한다.

② 초대의 목적에 따른 적절한 옷차림이 중요하다.

③ 밝은 얼굴과 정중한 태도를 유지한다.

④ 급한 볼일은 자리에 앉기 전에 미리 끝내고 식사 중에는 자리를 떠나지 않는다.

⑤ 식사가 끝나면 천천히 함께 일어난다.

[주최 측에 대한 인사 및 대화]

① 파티장에 도착하면 주최측에 인사, 초청에 대한 감사 표시, 떠날 때도 마찬가지며 주최자가 바쁘거나 대화중일 때에는 인사를 생략해도 무방하다.

② 파티가 진행 중에 나오려면 여러 가지 변명보다는 일이 있어 먼저 실례해야 된다는 간단한 인사가 좋다.

③ 호스트가 바쁜 경우 자기 소개는 기다리지 않고 스스로 한다.

④ 그 지역의 스포츠, 날씨, 음식, 여정 등의 가벼운 주제로 대화를 시작한다.

⑤ 이야기를 독점하지 말고 이야기에서 소외된 듯한 사람에게도 질문을 던져 대화의 시간을 동등하게 나눈다.

⑥ 한 사람을 시종일관 붙들고 평시에 없던 유대를 과시하지 말고 한 사람당 5~10분이면 충분하다.

[파티에 참가할 때의 복장 및 바른 몸가짐]

① 남성 : 경사(慶事)의 복장은 턱시도(tuxedo), 모닝코트(morning coat), 약식예복이다. 격식 있는 파티의 안내장에 '블랙타이(black tie)'로 되어 있으면 턱시도를, 안내장에 평복이라 되어 있으면 다크 셔츠(dark shirt)를 입는다.

② 여성 : 예복은 이브닝 드레스(evening dress)가 정상이다. 자사가 주최하는 파티와 상사 자녀의 결혼식 등은 원피스나 다크셔츠에 코사쥬 등으로 악센트를 준다. 또한 장소에 따라서 한복을 입는 것도 좋다.

③ 단정하고 우아한 몸가짐을 가진 사람에게서 인품이 저절로 드러나 보이며, 몸가짐이 바르고 정중한 사람과 함께 생활하면 편안하고 안정감이 들게 마련이다.

④ 파티에 참가시 머리를 손질하고, 약간의 화려한 넥타이를 맨다. 구두를 손질해야 하며, 손톱이나 치아의 청결 등에 유의한다. 또한 깨끗한 와이셔츠를 착용하고 바지를 손질한다.

5. 만찬

(1) 만찬의 형식에 따라

① 서양식 식사예절에서는 식사 중에 가벼운 담소를 나누는 것이 분위기를 자연스럽게 하는 중요한 예절이다.

② 공식(formal) : 정식 만찬

③ 약식(semi-formal) : 초청장 또는 구두로 초대 가능하다. 턱시도가 통례이다.

④ 비공식(informal) : 구두로 초청한다. 옷차림은 사회의 관습에 따른다.

(2) 만찬의 좌석 배열

① 주인과 안주인의 좌석

식탁의 중심부에 벽을 뒤로 하며 안주인이 앉고 그 앞쪽에 주인이 앉는다.

② 손님의 좌석

- 유럽식: 안주인의 오른쪽이 1서열 남성, 왼쪽이 2서열의 남성

　　　　주인의 오른쪽은 1서열 여성, 왼쪽은 2서열의 여성

　　　　1서열의 남성 오른쪽에는 3서열 여성, 왼쪽에는 4서열 여성

　　　　위와 같은 순으로 좌우교대 남녀 손님의 자리를 정한다.

- 영미식: 주인과 안주인이 식탁 양 끝에 앉는다. 안주인이 상석이다.

　　　　남녀 손님은 식탁의 중앙을 향해 서열에 따라 남녀 교대로 앉는다.

(3) 만찬석상에서 지켜야 할 예절

① 파티에서 식전주 제공시 카나페나 그 외의 간단한 음식이 제공될 수 있으므로 여유를 두고 마신다. 이 때 안주인이 인원파악을 한다.

② 식사가 준비되면 안주인을 따라가는 것이 일반적이나 최근에는 약식이 되어 여주

인이 주빈이나 서열 1번의 손님 부부를 안내하고 다른 손님들이 이어 들어간다.

③ 자리가 지정된 경우라면 해당 자리에 착석한다. 그렇지 않을 경우 남자주인과 여주인이 마주 앉고 그 옆에 남녀가 번갈아 앉는다.

④ 영국식탁은 식사가 서브되면 곧 먹기 시작하는 반면, 미국은 모든 손님에 서브될 때까지 기다리는 것이 일반적이다.

⑤ 정식만찬에서는 음식을 더 청하는 것은 실례이다. 남기는 것 또한 실례이므로 사전에 거절하는 것이 올바른 매너이다.

⑥ 서양식 식사예절에서는 식사 중에 가벼운 담소를 나누는 것이 분위기를 자연스럽게 하는 중요한 예절이다.

6. 파티의 형식

(1) 디너 파티(dinner party)

① 디너파티는 풀코스의 만찬을 하는 가장 중요하고 뜻깊은 사교행사로서 격식과 절차가 엄격하다.

② 디너파티는 초청자와 주빈이 입구쪽에 일렬로 서서 손님을 마중하는 리시빙라인(Receiving Line)을 이루어 손님을 맞이한다.

③ 모든 손님이 제자리에 앉은 것을 확인한 후에는 요리의 코스를 진행한다. 식의 배열은 식당이나 파티장의 넓이와 참석자 수, 그리고 파티의 목적에 따라 여러 가지로 연출한다.

④ 식순은 파티의 성격, 사회적 지위나 연령층에 따라 상하가 구별되며 주최자와 충분한 협의 후에 결정한다.

⑤ 값비싼 재료와 여러 가지 호화로운 그릇을 사용하므로 사람의 수가 적은 경우에만 디너파티를 한다.

⑥ 복장은 초대하는 쪽도 초대 받는 쪽도 정장을 해야 하며 때로는 포멀웨어를

입는 것이 예의이다.

⑦ 서퍼(super)의 경우 '참석해 주세요'라는 초대를 받으면 함께 식사라도 하자는 뜻이므로 어려워 말고 평상복 차림으로 가면 된다.

(2) 런치 파티(lunch party)

① 오찬회, 정오부터 오후 2시 사이에 개최, 가벼운 식사가 나온다.

② 착석파티에는 좌석이 정해져 있으므로 지각하거나 중도의 퇴실은 실례이다. 복장은 평복도 상관없다.

③ 오찬의 준비요령은 만찬과 같다. 만찬과 비교할 때 훨씬 간소하여 호스티스는 굳이 입구에서 있지 않아도 되며 샴페인도 사용하지 않는다.

(3) 칵테일 파티(cocktail party)

① 가장 많이 행해지는 파티로서 형식에 얽매이지 않는 부담 없는 파티이다. 칵테일을 주로 하고 카나페를 곁들여 내어 손님 접대하는 사교행사이며, 오후 5시 이후로 개최한다.

② 칵테일 파티는 여러 가지 주류와 음료를 주제로 하고 오드볼(Hors d'oeuvre)을 곁들이면서 스텐딩(Standing) 형식으로 행해지는 파티를 말한다.

③ 칵테일 파티를 준비함에 있어서 예산과 정확한 초대인원, 메뉴의 구성, 파티의 성격 등을 파악해야 한다. 특히 소요되는 주류를 얼마나 준비해야 하는가 문제는 매우 중요하다. 보통 한사람 당 3잔 정도 마시는 것으로 추정한다.

④ 칵테일 파티는 테이블 파티나 디너 파티에 비하여 비용이 적게 들고 자유로이 이동하면서 자연스럽게 담소할 수 있다. 또한 참석자의 복장이나 시간도 별도 제약 받지 않는다.

⑤ 여성 고객들은 오드볼 테이블(Hors d'oeuvre table)에 자주 가지 않는 경향이 많으므로 오드볼 츄레이(Hors d'oeuvre tray)를 들고 고객 사이를 다니며 서비

스 해야 한다.

(4) 뷔페 파티(buffet party)

① 일정한 격식을 차리지 않고 간편하게 손님을 접대할 수 있다.

② 자신이 직접 음식을 덜어다 먹기 때문에 자기가 선호하는 요리 위주로 먹을 수 있다.

③ 주최자는 일손을 덜 수 있으며, 격식을 차린 파티와 달리 자유롭게 움직이며 요리를 들기 때문에 동시에 많은 사람의 접대가 가능하다. 바쁜 현대인에게는 매우 편리한 방법이다.

④ 뷔페는 그 형식에 따라 Sitting Buffet(테이블에 앉아서 식사)와 Standing Buffet(선 채로 식사), 그리고 Cocktail Buffet(식사보다는 안주 위주의 간단한 뷔페)로 나눌 수 있다.

(5) 가든 파티(garden party)

① 정원에서 하는 비교적 규모가 큰 티 파티의 하나이다.

② 19세기 후반 영국에서 비롯됨. '가든파티'라는 말은 1869년에 처음 생긴 말이다.

③ 늦봄과 초여름께 오후 3~7시경까지 여는 것이 통례로서, 초대한 손님 위주의 가벼운 식사와 음료를 내고 환담, 음악, 댄스파티 등의 시간을 가진다.

④ 테니스와 크로켓 등의 스포츠도 함께 즐기는 소형 연회에서 오케스트라를 동원한 무도회에 이르기까지 목적에 따라 규모가 크게 다르다.

(6) 티 파티(tea party)

① 영국에서 유래된 여성들의 사교모임이다.

② 홍차를 비롯한 차와 간단한 쿠키, 케이크, 과일 등이 주 메뉴가 된다. 티 파티는 음식 자체보다 분위기를 즐기는 것이므로 모임의 성격이나 계절에 따라

잘 어울리는 것으로 준비하는 것이 좋다.

③ 보통 티 파티에는 흰색이나 크림색 등 단색의 깔끔하고 단정한 식탁보와 같은 재질의 냅킨을 준비하고 은제품이나 도자기로 된 티 쟁반, 핫 포크, 티 포크, 밀크포트, 설탕포트, 홍차잎을 거르는 티 스트레이너, 레몬 그릇 등을 기본으로 준비해야 한다.

④ 개인마다 찻잔과 냅킨, 포크, 접시를 두어야 하는데, 찻잔은 잔잔한 꽃무늬가 있는 것이나 너무 튀지 않는 심플한 것을 즐겨 사용하는 것이 좋다.

⑤ 티 냅킨은 여성용 손수건 정도의 크기로 레이스 댄 것을 사용하는 것이 고급스럽다.

⑥ 티 파티는 짧은 시간에 많은 사람을 초대하여 사교할 수 있는 파티 형식으로 오후 2시부터 5시 사이에 하는 것이 적당하다.

⑦ 티 파티에서는 보통 3단 접시를 준비해 1단에는 자그맣게 만든 샌드위치를, 2단에는 달콤한 케이크를, 3단에는 쿠키 등을 담아낸다.

⑧ 차는 홍차를 주로 사용하지만 녹차나 커피, 허브차 등을 준비해도 무난하다. 홍차에는 레몬이나 밀크를 준비해서 각자의 취향에 따라 넣어 마실 수 있도록 한다.

(7) 샤워 파티(shower party)

① 친한 친구들이 주축이 되어 축하와 필요한 물품을 선물함으로 도움을 주고자 마련된 파티이다.

② 샤워란, 우정이 비와 같이 쏟아진다는 의미가 있어 붙여진 것으로 시작된 파티이다.

③ 요즘에는 신혼부부에게 필요한 선물을 하는 결혼 축하연(Baby shower), 부엌 용품을 준비해 주는 부엌용품 샤워 등이 있다.

성공하는 리더의
글로벌 매너

제**6**장

테이블 매너

제**6**장

테이블 매너

나라와 문화에 따라서 상이한 방식의 식사 매너가 존재한다. 국제적인 교류가 빈번한 현대사회에서 기본적인 식사 매너는 성공적인 사업을 수행할 수 있는 계기가 될 수도 있으며, 반대로 그렇지 못한 경우도 발생할 수 있다. 또한 국제적 감각의 식사 매너를 겸비함으로써 성공적인 인간관계를 이어 갈 수도 있다. 본 장에서는 식사 매너와 관련한 기본적이고 표준화된 매너들을 살펴보도록 하자.

제1절 테이블 매너의 중요성

서양의 식탁예절은 형식과 도덕성을 중요하게 생각하던 19세기 빅토리아 여왕 시대에 이르러 완성되었다고 한다. 사전적 정의로서, 테이블 매너라 함은 "식사시에 지켜야 할 예절"이라 설명하고 있다. 국가마다 상이한 식사 관습을 가지고 있으므로 식사시에 지켜야 할 매너 또한 다를 것이다.

예를 들어, 외국인이 한국식 식사를 할 때 포크와 나이프를 사용한다면 어색하게 보일 것이다. 마찬가지로, 서양식 식사를 할 때 젓가락을 사용하여 식사를 하는 것도 어색한 일이다.

각 나라의 식사예절은 그 나라의 전통과 생활관습에 깊은 관련이 있다. 한국의 경우, 대가족이 한집에 모여 살면서, 한자리에 앉아 동시에 식사를 하는 관습이 있다. 준비된 음식이 차례대로 제공되는 시간전개 방식이 아닌 대부분의 반찬과 요리들이 상 위에 동시에 차려지는 공간전개 방식이 한국인의 식사관습이다. 반면, 서양의 식사관습은 시간 전개 방식으로서 각 요리가 순차적으로 제공되는 특징이 있다.

이렇듯 상이한 식사관습에 따라서 식사시 지켜져야 할 식사 매너도 다르다는 것을 유념해야 한다. 글로벌시대에 살고 있는 현대인들은 보다 세련되고 품위 있는 식사 매너를 겸비함으로써 보다 원활하고 성공적인 인간관계를 형성할 수 있을 것이다.

제2절 ┃ 레스토랑에서의 테이블 매너

1. 레스토랑에서의 식사예절 첫걸음

(1) 식사 전 지켜야 할 매너

① 식사를 즐길 줄 알아야 한다.

식사를 한다는 것은 이제 더 이상 인간의 기본적 욕구인 "배고픔"을 해소한다는 것을 의미하지 않는다. 식사를 함과 동시에 폭넓은 대인관계를 형성한다거나, 비즈니스의 목적을 달성하기 위한 수단으로 이용한다거나, 가족간의 친목을 도모하는 등 여러 가지 목적에서 식사를 즐길 수 있다.

식사 전에 있었던 업무적 스트레스나 사적인 문제들이 식탁에까지 연장되어서는 안 될 것이다. 상대를 배려하고, 자신의 건강을 위해서라도 식사시간만큼은 "신이 내린 축복"이라 생각하고 즐거운 마음으로 그 순간을 즐길 수 있도록 노력하는 마음이 중요하다.

② 고급 레스토랑일수록 사전예약은 필수

호텔 레스토랑과 같은 고급레스토랑을 이용하기 위해서는 사전에 예약을 하는 것이 기본 매너이다. 비즈니스 상대와 식사 약속을 하고 무작정 찾아간 레스토랑에 자리가 없다면 당황할 수밖에 없는 일이다. 또한 상대의 가장 소중한 시간을 낭비하게 한다는 점에서 큰 실례가 아닐 수 없다.

부득이한 사정에 의해 예약을 취소한다거나 늦어지는 경우에는 반드시 사전에 레스토랑에 전화로서 통보를 해주는 것이 매너이다. 예약된 시간보다 도착이 늦어진다면 예약시간 30분 전까지 레스토랑에 알려줘야 하며, 취소를 하는 경우라면 가급적 담당 매니저에게 양해를 구하고 취소를 하는 것이 매너이다. 목적이 있는 식사 약속일수록 사전에 예약을 하는 것을 잊지 말자.

③ 고급 레스토랑에서는 정장을 입는다.

캐주얼 레스토랑(casual restaurant)이나 패밀리 레스토랑(family restaurant)과 같은 경우에는 복장에 크게 구애받지 않아도 된다. 그러나 고급 레스토랑(fine dinning restaurant)의 경우에는 가급적 정장차림을 하는 것이 매너이다.

이는 상대에 대한 예의를 갖춘다는 의미와 더불어 레스토랑의 품격 높은 서비스를 제공받을 준비가 되어 있다는 암묵적 표현인 것이다.

가급적 고급레스토랑일수록 운동화 차림이나 청바지 차림은 피해야 한다. 꼭 넥타이를 매지 않더라도 단정해 보일 수 있도록 신경을 써야 한다. 해외의 레스토랑 뿐만 아니라, 한국의 전통식당을 이용할 때도 정장을 갖춰 입도록 하자. 한국을 방문하는 외국인이 증가함에 따라 한국의 전통식사를 원하는 외국인들이 늘고 있다. 한국의 품격 높은 전통식사를 즐기고, 역사 깊은 우리의 전통문화를 소개한다는 마음자세가 중요하다.

외국의 일부 레스토랑에서는 정장이 준비되지 않은 고객들을 위하여 재킷(jacket)을 대여하는 곳도 있다.

(2) 레스토랑에 도착하면 영접직원의 안내를 받는다.

① 종업원의 안내

간혹 레스토랑에 입장하게 되면, 무작정 테이블에 앉는 사람들이 있다. 그러나 서양의 레스토랑의 경우 규모에 상관없이 지배인이나 호스티스(hostess)의 영접을 받게 되어 있다.

레스토랑에 들어서자마자, 고객을 영접하는 직원은 먼저 "몇 분이십니까?(How many people are there in your party?)", 또는 "예약을 하셨나요?(Did you made a reservation?)"하고 물어 온다. 그런 다음 영접직원의 안내에 따라 테이블에 착석하게 되므로, 본인 임의로 좌석에 먼저 앉는다는 것은 큰 실례이다.

만약, 약속시간에 늦어 약속한 상대를 찾고자 한다면, 레스토랑 관계자에게 부탁해 찾도록 한다. 본인이 직접 레스토랑 이곳저곳을 기웃거리지 않는다.

좌석을 안내받고, 다른 테이블을 기웃거리거나, 주변 테이블에 앉은 사람들이 무엇을 먹는지 힐끔거리는 행동 역시 큰 실례이므로 주의해야 한다.

② 클로악 룸(cloak room)의 이용

겨울과 같이 추운계절에는 두꺼운 외투를 입기 마련이다. 외투의 경우에는 레스토랑에 입장하기 전에 입구 쪽에 마련된 클로악 룸에 맡겨 둔다. 본인이 가져온 짐이 많은 경우에도 클로악 룸을 이용하는데, 짐이나 외투를 맡기고 확인표를 배부받는다. 무료로 이용할 수도 있으나 대부분의 경우 일정요금을 지급하게 되어 있다. 여성의 경우 작은 핸드백은 지참하고 입장하여 의자와 허리 사이에 두는 것이 좋은 방법이다. 의자의 등받이가 뚫려 있는 경우에는, 자신의 우측 다리 옆에 놓아두는 것이 좋다.

(3) 좌석에 앉을 때에도 순서가 있다!

종종 여러 사람이 한 테이블에 둘러앉아 식사를 할 때 좌석의 위치 때문에 당황한 경우가 있을 것이다. 어느 곳이 상석이고 어느 자리에 앉아야 할지 몰라서 머뭇거리는 경험을 한번쯤 해보았을 것이다.

식사에 초대된 손님이 당황하지 않도록 좌석을 지정해 주거나 안내해 주는 것이 식사 초대를 한 주최자의 매너이다.

① 주최자(host)의 좌석배정

전통사상에 따라 윗사람을 공경하는 우리나라와 같이, 서양의 경우에도 지위가 높은 사람이나 나이가 많은 사람 또는 여성을 배려하는 전통이 존재한다.

이러한 생활매너에 따라 좌석이 정해지므로, 식사초대를 받았을 때 자신의 자리를 배정받기 전까지 기다리는 것이 좋으며, 어색할 경우에는 식사를 초대한 주최자에게 자신의 자리를 물어보는 것도 좋다.

보통 좌석을 정할 때에는 식사에 초대되어진 주인공이 있으며 이를 주빈(主賓 : main guest)이라 호칭한다. 식사의 성격에 따라 주빈이 달라지겠지만, 일반적인 경우 주빈은 가장 연장자의 부인이 되며, 여자 주빈은 남자주인(host)의 우측 자리에 배석하며 남자주인의 부인 옆에 그 다음으로 중요한 손님이 배석한다.

대통령 만찬의 경우, 양국의 대통령이 함께 배석하고 영부인들이 상대국 대통령의 옆 좌석에 배석한다. 주빈의 대상은 누구라도 될 수 있으며, 여자 주빈은 남자주인(host)의 우측에 배석하는 것이 관례이다.

② 상석의 위치

서양의 경우 어느 상황에서건 여성을 먼저 배려하는 것이 기본 매너이다. 따라서 레스토랑에서도 여성이 착석하기 전까지 기다려 주는 것이 매너이며, 여성이 편하게 착석할 수 있도록 의자를 살짝 뒤로 당겨주는 것이 자연스러운 행동이다.

이때 여성은 의자의 좌측에서 들어가 상대가 의자를 살짝 밀어 넣기 쉽도록 가볍게 착석한다. 이때 손의 위치는 자연스럽게 무릎 위나 테이블 위에 가지런히 놓는 것이 좋다. 여러 사람이 함께 모여 식사를 하는 경우, 상석의 위치는 보통 전망이 좋은 곳, 무대가 있는 경우라면 무대가 잘 보이는 곳, 문에서 가장 먼 곳이 상석이 된다. 일반적으로 레스토랑에서 접객요원이 가장 먼저 의자를 빼어주는 곳이 상석이 된다.

(4) 배석 후 지켜야 할 매너

① 올바른 착석 요령

착석 후 테이블과 자신이 앉은 자리와의 공간은 일반적으로 주먹 2개 정도의 거리가 좋다고 한다. 그러나 일정한 룰이 있다기보다는 식사를 하기 편한 거리가 좋다. 자리에 앉아 큰 소리로 떠든다거나, 큰 동작으로 몸을 움직여 주위 사람들의 식사나 시선에 방해를 해서는 안 된다.

간혹 한국 사람들 중 가부좌 자세로 서양식 의자에 앉거나, 한쪽 다리를 반대쪽 허벅지 안쪽에 넣어 앉는 경우가 있는데, 이는 보기 좋은 자세가 아니니 삼가는 것이 좋다. 자리에 앉을 때에는 허리를 반듯이 펴고, 엉덩이를 등받이 아래쪽에 살짝 대고 앉는 바른 자세가 보기에도 좋고 허리 건강에도 좋다.

자신의 팔에 닿지 않는 후추와 같은 양념이 필요할 경우에는 가까운 자리에 있는 사람에게 건네줄 것을 부탁하는 것이 좋다. 자신이 자리에서 일어나 직접 팔을

뻗어 집어 오는 것은 보기 좋지 않은 행동이다.

② 냅킨(napkin) 사용매너

15세기에는 손으로 식사를 했는데, 식사를 마치면 손을 씻은 뒤 하인들의 어깨에 걸려 있는 네프(nap)라는 천에 닦았다. 17세기 귀족들은 포크를 사용하면서 네프는 단지 입을 닦는 데만 사용했으므로 크기가 작아지고 고급화되었다. 냅킨이라는 말은 네프에서 '작은'이라는 뜻의 '킨(kin)'이 결합된 말이라 한다.

냅킨의 무늬는 대게 얼마만큼 격식을 차려야 하는지를 의미한다. 무늬 중 빳빳하게 풀을 먹인 하얀색 혹은 크림색의 다마스크 천이나 밋밋하게 짜놓은 린넨 냅킨은 오찬이나 만찬을 위해 가장 일반화된 아이템 중 하나이다. 그러나 핑크빛이 돌거나 초록빛의 냅킨은 때에 따라 생일 파티나 약혼식 기념일 등과 같은 의식에 있어서 적절히 이용되고 있다.

냅킨은 청결한 식사를 위한 보조 도구의 역할 이외에 식사의 시작과 끝을 의미하는 상징으로서의 역할을 한다. 냅킨의 사용은 자리에 착석한 후 식사의 주인(host/hostess)이 냅킨을 펼쳐 무릎에 놓을 때 자연스럽게 뒤따라 냅킨을 자신의 무릎위에 펼쳐 놓는다.

서양에서는 식사 전 기도를 하는 경우가 많은데, 기도가 끝난 후 냅킨을 펼치므로, 손님으로서 참석한 식사에서 본인이 먼저 냅킨을 펼치는 실수를 범하지 않도록 하자.

냅킨을 펼침으로써 식사할 준비가 되었다는 것을 의미하는 것과 마찬가지로, 식사가 끝났을 때에는 냅킨을 가볍게 접어 앞에 놓여 있는 접시의 왼쪽 위쪽에 놓는다. 식사 중 냅킨을 식탁위에 놓는 것은 식사가 끝났다거나, 식사가 맘에 들지 않아 멈춘다는 의미가 있으므로 주의해야 한다.

냅킨을 사용할 때에는 가볍게 입 주변을 눌러 주듯이 사용하며, 물과 같은 음료를 흘렸을 경우에는 냅킨으로 닦지 않고 레스토랑 종사원을 불러 닦아 줄 것을 부탁하는 것이 매너이다.

여성의 경우 냅킨에 립스틱이 묻지 않도록 조심해야 한다.

테이블 분위기를 좌우하는 냅킨, 평범한 식탁 분위기라도 접시 위에 놓인 냅킨 하나로 그 느낌은 달라진다. 간단한 가족모임이라도 격조 있게 차려진 테이블 세팅과 예쁘게 장식된 냅킨은 오늘 초대된 사람들을 위한 것임을 그대로 보여주는 역할을 한다.

③ 메뉴 살펴보기

메뉴는 단순히 음식들의 이름만을 열거해 놓은 차림표 이상을 의미한다. 메뉴는 레스토랑의 얼굴이라고도 할 수 있다. 메뉴에 담겨 있는 음식과 와인 등의 정보는 레스토랑이 얼마나 고급스러우며 전통이 있는지를 고스란히 담고 있는 역사책과도 같은 역할을 한다.

메뉴 구성을 살펴봄으로써 레스토랑의 성격과 서비스의 질 등을 기대할 수 있다. 메뉴를 살펴보고 종사원과 간단한 대화를 하는 것도 레스토랑에서 당신의 품위를 높여주는 행동이다. 메뉴에 담긴 음식의 정보가 부족하다거나, 모르는 음식이 있다면 담당 서버에게 물어보자. 이는 관심의 표현으로서 절대 매너에 어긋나는 행동이 아니다.

(5) 담당 서버(server)와의 의사소통

외국의 레스토랑에서 식사를 하다보면, 과다할 정도로 서버(server)들이 관심을 갖는 경우가 있다. 더 필요한 것은 없는지, 또는 불편한 것은 없는지 등의 질문을 해온다. 이런 것에 익숙하지 않은 한국인들은 속으로 "팁을 많이 받기 위해 과다한 관심을 갖는구나."라고 생각할지도 모른다. 그러나 서양의 레스토랑에서는 담당 서버를 큰소리로 부른다거나, 손가락으로 가리키는 일이 매너에 어긋나는 행동이므로 담당 서버들이 미리 고객의 불편사항을 수시로 체크하게끔 되어 있다. 따라서 서버의 도움이 필요할 때에는 잠시 기다렸다가, 서버와 눈이 마주쳤을 때, 실례합니다만……하고 용건을 말하는 것이 좋다. 고급 레스토랑일수록, 전담 서버가 테이블을 책임지고 있으므로, 서버의 도움이 필요할 땐, 다른 종사원에게 담당 서버를 불러달라고 하여 용건을 해결하는 것이 좋다. 절대로 큰소리로 "Hey……."라고 하지 않는다.

제3절 식사 매너

1. 식탁에서 지켜야 할 매너

서양에서 식사라는 것은 단순히 식욕을 채운다는 의미를 넘어서 식사장소가 '사교의 장'으로서 대인관계를 넓히는 중요 수단으로 생각하는 경우가 많다. 모두가 즐거운 식사를 할 수 있도록 지켜야 할 매너들에 관해서 살펴보자.

(1) 식탁에서 신체의 일부를 만지는 행위는 금물

손으로 빵을 먹는 것을 자연스럽게 여기는 서양인들에게 식탁에서 얼굴을 만진다거나 머리를 만지는 등의 행위는 자칫 비위생적으로 보일 수 있으므로 삼가는 것이 좋다.

(2) 식사 테이블에서는 손의 위치에 유의

접시를 손으로 잡고 식사를 한다거나, 손에 포크와 나이프를 들고 식탁 위에 올려놓는 행동은 큰 결례이다.

(3) 앉는 자세에 유의

등을 과도하게 기대거나, 다리를 크게 벌린다거나 기지개를 펴는 행위는 매너가 아니다. 또한 식사 중에는 왼쪽 팔꿈치를 테이블 위에 올려놓지 않는다.

(4) 식기의 사용에 유의

일반적으로 식기는 자신이 임의로 움직이지 않는 것이 매너이다. 서양의 음식은 시간전개 방식으로서 순차적으로 음식이 준비된다. 접시는 서버가 놓아주는 위치에서 식사를 하는 것이 매너이다.

식사가 끝난 후 서버가 접시 치우는 것을 돕는다고, 접시들을 포개놓는 경우가 있는데, 이는 바람직한 테이블 매너가 아니다.

(5) 부속물 처리에 유의

해산물 음식의 경우, 새우껍질이나 조개껍질 또는 생선 가시와 같은 부속물 때문에 곤란한 경우가 있다. 이때에는 최대한 상대방의 눈에 띄지 않도록 종이 냅킨이나 보조 접시에 지저분하지 않게 놓는 것이 중요하다.

생선의 뼈 등은 접시에 뱉어 내지 않고, 손가락 끝을 이용해 자연스럽게 입에서 제거하거나, 포크로 받아서 접시에 한 쪽에 놓는다.

(6) 음식에 이물질이 섞여 있을 때

식사 중 음식물에 머리카락 같은 이물질이 섞여 있다면 상당히 불쾌한 일이다. 그렇다고 식사 중에 동석한 사람들에게 "내 음식물에 머리카락이 있어"라는 표현을 하지 않는 것이 매너이다. 조용히 종사원에게 얘기를 하거나, 지배인을 불러 이야기를 하는 것이 좋다. 음식을 먹었는데 상했거나 이물질이 있다면 동석한 사람에게 보이지 않도록 냅킨으로 입을 가리고 뱉도록 한다.

(7) 식사 중 생리현상과 매너

어쩔 수 없이 나오는 기침이나 재채기 등을 할 때에는 얼굴을 약간 돌리고 손수건이나 냅킨으로 입을 가리고 하도록 한다. 기침이 심할 때에는 양해를 구하고 잠시 자리를 뜨는 것도 좋다. 트림을 소리 내어 하는 것은 절대적인 결례이다.

트림이 나올 때는 입을 다물고 손으로 살짝 가린 상태에서 속으로 삼키고, 반드시 "실례했습니다!"라고 한다. 식탁에서 코를 푸는 것도 결례이니 자리를 벗어나서 푸는 것이 좋으며, 콧물이 흐를 때는 티슈로 살짝 살짝 닦는 것은 괜찮다.

2. 나이프와 포크의 올바른 사용법

젓가락 문화에 익숙한 사람들에게 포크와 나이프의 사용은 아무래도 어색할 수밖에 없다. 서양인이 젓가락을 자연스럽게 이용하여 식사를 하는 것을 볼 때 왠지 모를 친숙함을 느끼는 것과 마찬가지로 포크와 나이프의 바른 사용은 서양인들로 하여금, 보다 친밀한 감정을 느끼게 해줄 것이다. 포크와 나이프의 올바른 사용법에 관해서 살펴보자.

그림 5-1 올바른 포크와 나이프의 사용법

(1) 포크의 올바른 사용법

그림 5-1에서처럼 포크는 왼손으로 쥐며, 잡는 위치는 포크의 손잡이 부분이 왼손바닥 중앙에 위치한다. 포크와 나이프를 사용해 음식을 먹을 경우, 왼손에 쥔 포크로 음식을 고정하고, 오른손에 쥔 나이프로 커팅을 한다. 오른손잡이의 경우, 왼손에 쥔 포크를 사용해 음식을 입에 옮기는 행동이 불편할 수가 있다.

이 때에는 포크를 오른손으로 바꿔 쥐고 음식을 먹는다. 이러한 방식은 주로 미국에서 사용되기 때문에 아메리칸 스타일이라고 한다. 컨티넨탈(continental)스타일이라고 하는 유럽식 방식은, 먹을 만큼씩 음식을 잘라서 포크를 왼손에 쥔 상태로 입으로 가져간다. 이 방법은 음식을 빨리 먹을 수 있으니, 상대와 균형을 맞춰 식사를 하는 데 신경을 써야 한다. 완두콩과 같은 콩 종류는 구르지 않게 포크 등으로 으깬다.

나이프의 힘을 빌려 포크에 얹어 먹어도 되고 오른손에 포크를 들고 떠먹어도 된다. 밥은 포크 등에 올려 먹지 않는다. 반드시 포크의 안쪽에 담아서 먹도록 한다. 포크를 많이 쓰는 서구인들도 부스러지기 쉬운 음식 등은 포크 등에 올려 먹지 않는다.

(2) 올바른 나이프 사용법

나이프의 올바른 사용법은 접시를 자신의 가운데에 놓은 상태에서 4시 방향이 되게끔 잡는 것이 올바른 방법이다. 나이프를 사용하지 않을 때에는 칼날의 방향이 자신을 향하게 하여 4시 방향이 되게끔 위치해 놓는다.

나이프는 음식을 자를 때만 사용하는 것이므로 절대 나이프로 음식을 먹지 않는다. 포크의 등에 요리를 올려놓고 나이프로 받쳐 먹는 것도 큰 결례이다. 스테이크를 먹을 때 사용되는 나이프는 더욱 날카로우므로 절대 입 주변에 가져가지 않도록 한다.

(3) 포크와 나이프를 떨어뜨렸을 때

실수로 나이프나 포크를 떨어뜨렸을 때에는 본인이 직접 줍는 것은 보기 좋지 않다. 담당 서버에게 새로운 나이프와 포크를 부탁하는 것이 좋다. 여성과 함께 식사를 할 때 여성이 나이프나 포크를 떨어뜨렸다면 남성이 담당 서버에게 부탁을 하는 것이 매너이다.

🌼 매너이야기 🌼 🌸 *

■나이프와 포크 사용 매너

- 밖에 놓인 것부터 안쪽으로 들어가며 하나씩 사용한다.
- 나이프는 오른손으로 사용한다.
- 포크로 찍은 것은 한 입에 먹는다.
- 스테이크를 먹을 때에는 포크는 왼손, 나이프는 오른손으로 사용한다.
- 음식을 자른 뒤 나이프는 접시에 걸쳐두고, 포크를 오른손에 바꿔 들고 먹어도 무방하다.
- 상대방이 식사중일 때에는 접시 중앙이나 테두리에 '八'자형으로 놓고 나이프의 날은 안쪽을 향하도록 한다.
- 식사가 끝나면 나이프는 뒤쪽에, 포크는 자기 앞쪽에 오도록 가지런히 모아서 접시 중앙의 오른쪽에 비스듬히 정렬해 놓는다.

제4절 테이블 세팅과 매너

테이블 세팅(table setting)이라는 것은 상차림을 의미한다. 한식의 상차림이나 차례 상에도 차림 방식이 있듯이, 각국의 식탁 차림에는 일정한 룰이 존재한다. 한식의 경우 서양식과 달리 공간 전개 방식이므로 여러 종류의 음식들이 한상 위에 모두 차려 진다. 고기류와 젓갈, 국 등의 음식들이 나름의 위치에 차려지듯이 서양식도 원활한

142 제6장 • 테이블 매너

식사 진행을 위한 나름의 테이블 세팅법이 있다. 테이블에 놓여진 여러 종류의 나이프와 포크, 비슷한 모양의 글라스(glass) 등 언제 어느 때 사용해야 할지 몰라 당혹스러웠던 경험이 있을 것이다. 기본적인 테이블 세팅을 알아두는 것은 현대인들에게 필수적인 요소이며, 보다 쉽게 테이블 매너를 이해할 수 있다.

1. 풀코스 테이블 세팅(full-course table setting)

그림 5-2   풀코스 테이블 세팅(full-course table setting)

그림 5-3   글라스(glass)의 종류와 크기

서양식의 테이블 세팅에서 나이프와 포크의 사용은 제공되는 식사의 순서에 따라 바깥쪽에서부터 안쪽으로 차례로 사용하면 된다.

테이블의 서비스 플레이트(service plate)를 중심으로 양쪽에 나이프와 포크가 세팅된다. 즉 나이프는 자신의 오른쪽 끝부터(나이프 ②) 사용하고, 포크는 왼쪽 끝부터 사용한다. 양쪽 수는 각기 5벌로, 양손에 순서대로 동시에 하나씩을 사용하게 되면 5벌이 된다.

스푼은 오른손으로 수프를 먹을 때, 샐러드 포크는 오른손으로 옮겨서 샐러드를 먹을 때 사용한다. 이것들을 사용할 때는 왼손에 포크를 들 필요는 없다.

2. 풀코스 요리의 식사 전개

(1) 전채요리(appetizer)

식욕을 돋우기 위한 식전(食前) 요리로서 식사를 하는 사람에 따라 생략하고 바로 주요리(main-dish)부터 시작할 수 있다.

프랑스에서는 오르되브르(hors-d'oeuvre)라고 하며, 주로 한 입에 넣을 수 있을 정도의 크래커나 작은 빵으로 만든 카나페, 생굴, 케비어, 훈제연어 등이 제공된다. 오르되브르로 제공되는 샐러리, 카나페 같은 것은 손으로 먹는 것이 일반적이다. 꼬치에 꿰어져 나온 경우에는 왼손으로 꼬치 끝을 쥔 채 포크로 빼내어 먹는다.

주의해야 할 점은 전채요리는 다음에 제공될 생선요리나 주요리의 식욕을 돋우고 소화를 촉진하기 위함에 있으므로 위에 무리가 가지 않도록 먹는 것이 중요하다.

① 차가운 전채요리의 종류
- 캐비아(caviar)
- 푸아그아(foie gras : 거위 간)
- 생굴과 조개

- 카나페(canape)

- 샐러드와 과일류

② 따뜻한 전채요리의 종류

- 에스카르고(escargot)

- 라비올리(ravioli)

(2) 수프(soup)

수프를 먹을 때에는 한번 스푼으로 뜬 것은 한 입에 먹는 것이 매너이다. 수프를 먹을 때 자신의 안쪽에서 바깥쪽으로 수프를 떠먹는 방식은 미국식 방식이며, 반대로 바깥쪽에서 안쪽으로 떠먹는 것은 유럽식 방식이라 한다. 뜨거운 수프를 먹을 때에는 수프를 소리 내어 식히지 않는 것이 매너이다.

적은 양을 떠서 자연스레 식을 수 있도록 한다. 수프를 다 먹고 바닥을 긁는 소리가 나지 않도록 주의한다. 사용한 스푼은 반드시 수프를 담아온 접시 위에 놓는 것이 매너이다.

① 수프(soup)의 종류

- 콩소메(consomme) – 맑은 수프 = 크레루
- 포타주(potage) – 진한 수프 = 리에

(3) 빵(bread)

빵은 정찬식 코스요리에서는 수프가 끝나고 제공된다. 그러나 식사의 성격에 따라 처음부터 테이블 위에 놓여 있기도 한다. 일반적으로 정찬식 코스 요리에서 빵은 요리와 함께 먹는다. 하지만 테이블에 빵이 미리 제공되어 있다면 요리가 나오기 전에 먹는 것도 괜찮다.

빵 접시는 식사하는 사람의 테이블 왼쪽에 위치한다. 오른편의 접시에 빵을 담지 않도록 주의한다. 빵을 먹을 때에는 포크와 나이프를 사용하지 않고 손으로 조금씩 잘라서 먹는 것이 좋으며, 빵 부스러기가 떨어져 테이블이 지저분하지 않도록 가급적 빵접시 위에서 손으로 자르는 것이 좋다.

(4) 생선요리(poisson, fish)

프랑스에서는 푸아송(poisson)이라고 하며 생선을 찌거나 버터 구이한 요리가 주를 이룬다. 조개류나 새우 종류도 생선요리의 범주에 포함된다. 생선용 나이프와 포크를 사용하여 먹는다.

생선요리가 통째로 제공되었다면 포크로 머리부분을 고정시킨 후 나이프로 머리, 꼬리지느러미 부분을 잘라 낸다. 잘라낸 부분은 접시 위부분에 지저분하지 않도록 놓는다. 나이프와 포크를 이용해 윗면을 먹은 후 뼈를 발라 낸 후 뒷부분의 생선살을 먹도록 한다.

이때 주의할 점은 생선의 전면(前面)을 먹은 후 생선을 뒤집지 않는 것이다. 나이프를 이용해 자연스럽게 뼈를 발라낸 후, 접시의 윗부분에 가지런히 놓는다. 생선요리에는 차가운 백포도주를 곁들이는 것도 좋다.

(5) 육류요리(앙트레 : entrée)

주요리를 메인디쉬(main-dish) 또는 앙트레(entrée)라고 한다. 하지만 프랑스에서 앙트레는 전채요리(appetizer)를 뜻한다. 서양식의 주요리인 쇠고기, 양고기, 닭고기, 오리고기 등이 이에 해당된다. 1~20℃ 정도에서 보관된 적포도주와 함께 하면 좋다.

스테이크는 굽는 정도에 따라 맛이 달라진다. 그렇기 때문에 고객에 따라 선호하는 굽기 정도가 다양해진다.

Rare는 고기의 육즙 맛을 즐기는 고객들이 선호한다. 보통 Rare로 구워진 스테이크의 피와 육즙은 오븐(oven) 안에서 높은 열로 조리가 되기 때문에 인체에 해로운 박테리아 등이 박멸된 상태이다. 건강에는 아무런 지장이 없다. 스테이크를 주문하면 고객에게 스테이크의 굽기 정도를 물어본다. 이때에는 자신의 취향대로 선택하면 되는데, 일반적으로 적게 구울수록 육즙이 많아 고기의 참맛을 음미할 수 있다.

여성들은 육즙이 많거나, 선홍빛의 육즙을 싫어하는데 이때에는 기본적인 굽기 정도인 Rare, Medium, Well-done에서 중간 정도로 주문을 할 수 있다. 이를테면, Medium-rare는 붉은 빛을 띠지만 medium에 가깝게 구워진 정도이다. Medium well-done도 마찬가지로 well-done에 가깝게 구워진 Medium 정도라고 생각하면 되겠다.

표 5-2 굽기 정도에 따른 스테이크의 특성

굽기 정도/시간	고기 온도(℃)	고기 내부의 색	고기 상태
레어(rare)/4분	58~60	붉은색	약간 구운 것, 표면만 구워 중간은 붉고 날고기 상태
미디움(medium)/7분	71~75	연한 적색	중심부가 핑크인 부분과 붉은 부분이 섞여져 있는 상태
웰던(well-done)/10분	77~82	갈색 및 회색	표면이 완전히 구워지고, 중심부도 충분히 구워져 갈색을 띤 상태

스테이크가 오븐에서 구워질 때에는 육즙이 스테이크의 가운데로 몰리는 경향이 있으니, 식사를 하기 전에 잠시 동안 접시 위에 놓아두고 육즙이 고루 퍼지게 한 후 식사를 시작하는 것이 좋다.

스테이크를 나이프를 이용해 자를 때에는 고기의 결을 따라 자르는 것이 좋은데, 일반적으로 스테이크는 고기의 결이 위에서 아래로 향하도록 접시에 담긴다.

스테이크를 자를 때에는 정해진 룰이 없으니 식사를 즐기도록 하자.

🌸 매너이야기 🌸 🌸 ✳️ manner

■ 서양식을 먹을 때의 매너

서양식당에서는 기본적으로 포크, 나이프류가 가지런히 놓여 있고, 식사를 하기 전에 물과 빵이 서브된다. 그러나 웬만큼 서양요리에 익숙한 사람들도 포크, 나이프 의 사용 순서 및 물이나 빵의 위치를 혼동하기 일쑤이다. 우선 물과 빵은 '좌빵 우 물'이 원칙이다.

자리에 앉았을 때 빵은 왼쪽, 물은 오른쪽에 놓인 것을 먹어야 한다. 포도주 등 음료수도 물과 함께 오른쪽에 놓인다. 간혹 여러 사람이 모인 모임에 참석해 보면 누군가 이런 원칙을 몰라 오른쪽에 있는 빵을 집거나 왼편에 놓인 물을 먹는 바람에 옆에 앉은 사람이 당혹해하는 경우가 적지 않다.

식사 전에 미리 나오는 빵은 수프를 먹기 시작할 때부터 주요리를 마칠 때(디저트 가 나오기 전)까지 틈틈이 먹도록 되어 있다. 먹는 방법은 포크를 사용하거나 입으 로 직접 베어 먹지 말고, 한 입에 먹을 만큼 손으로 떼어 먹는 것이 보기에 좋다.

음식을 먹을 때 큰 접시의 왼쪽에는 포크류가, 오른쪽에는 나이프류가 놓여 있는 데, 음식이 서브될 때마다 맨 바깥쪽 포크와 나이프를 양쪽 손에 하나씩 집어서 사 용하도록 되어 있다. 왼손 포크질이 불편할 때에는 음식을 나이프로 자른 후 나이프 를 접시 위에 걸쳐 놓고 오른손으로 포크를 사용해도 괜찮다. 다만, 이때도 고기류 를 한꺼번에 모두 잘라 놓지 말고, 2~3조각씩 잘라먹는 것이 알맞다.

식사를 하다 잠시 중단할 때에는 포크와 나이프를 접시 위에 八자로 펼쳐 두고, 식사를 완전히 끝냈을 때에는 둘을 접시 오른쪽에 가지런히 놓는다.

(6) 소르베(sorbet)

프랑스어로는 소르베(sorbet)라고 하며, 영어로는 셔벳트라고 한다. 코스요리에서는 입맛을 새롭게 하기 위하여 주요리와 로스트 요리 사이에 나온다.

주로 단 성분이 적고, 알코올을 함유한 빙과류이다. 정찬코스 요리가 아니라면, 후식으로 제공되기도 한다. 요리와 주요리 사이에 제공되기도 한다.

(7) 로스트와 샐러드(roast & salad)

주요리 다음에 제공되는 요리로서, 로스트 치킨, 로스트 터키(칠면조), 로스트비프 등이 제공된다. 로스트의 재료는 각종 육류와 가금류 등이 쓰인다. 정식만찬의 풀코스가 아니라면 로스트는 생략되는 것이 일반적이다. 보통 로스트와 함께 샐러드가 제공된다.

(8) 디저트(dessert)

달콤한 과자, 아이스크림, 젤리 등이 제공된다.

(9) 커피와 차(coffee & tea)

정찬코스의 마지막으로 기호에 따라 커피, 홍차, 녹차 등을 즐길 수 있다.

커피의 종류는 일반적으로 두 가지 이상의 원두를 혼합한, 브랜드(blended) 커피, 향을 가미한 커피(favoured coffee), 카페인을 제거한 디카페인(decaffeinate coffee)이 있다.

제5절 상황에 따른 테이블 매너

1. 식사에 따른 테이블 매너

(1) 아침식사

서양식의 아침식사는 일반적으로 대륙식(Continental)과 미국식(American style)이 있다. 대륙식은 미국식에 비해서 종류가 간단하고, 차가운 음식이 주를 이룬다. 크루아상(Croissants), 페이스트리(Pastries) 등을 먹으며, 여기에 커피나 차를 곁들어 마시는 식사방식이다. 반면에 미국식은 계란요리, 베이컨, 햄, 시리얼, 과일류 등 종류와 양이 대륙식에 비해 다양하고 많다.

찐 계란은 보통 계란 받침에 올려 있는 상태로 제공되며, 이때 작은 스푼을 이용해 계란의 껍데기를 깬 후 제거한다. 찐 계란이 아닌 조리된 계란요리는 반드시 포크를 사용해 잘라 먹는다.

오믈렛(omelet)은 스푼을 보조 삼아 포크로 먹는 것이 일반적이다. 베이컨을 자를 때에는 옆 사람에게 튀기지 않도록 조심해서 자르거나 빵에 겹쳐 넣어 먹는 것이 좋다.

(2) 점심식사

서양인의 점심식사는 간단하게 하는 것이 일반적이다. 식당에서 제공되는 과일류는 보통 손가락을 사용해서 먹을 수 있을 정도로 잘라져서 제공된다. 이러한 경우에는 오히려 포크를 이용하는 것이 어색할 수 있으니, 집게와 엄지손가락을 사용하여 편안히 음식을 즐기면 된다.

점심식사의 경우 건강상의 이유로 샐러드만으로 식사를 끝내는 경우가 있다. 샐러드가 제공되면 소스를 야채에 부은 후 과도하게 섞지 않도록 주의한다. 가볍게 몇 번 소스와 야채를 버무린 후 시식을 하며, 소스가 적당히 묻지 않은 부분은 소스가 있는 부분에 묻혀서 먹는 것이 좋다.

(3) 냅킨의 사용

한국식 레스토랑의 경우 종이 냅킨을 자주 요구하는 것이 어색하지 않은 행동일지도 모르지만, 서양식 레스토랑에서는 일반적인 행동이 아니다. 테이블에 마련된 냅킨 사용에도 매너가 있으니 주의해서 사용하자.

식사 중에 냅킨을 이용해 입을 닦을 때에는 절대로 입을 문지르는 행동을 해서는 안 되며, 가볍게 입술을 톡톡 두드리는 식으로 닦아내는 것이 좋다. 여성의 경우에는 립스틱이 냅킨에 과도하게 묻지 않도록 주의한다. 간혹 음식을 흘리는 것을 예방하기 위해서 고개를 숙이고 식사를 하는 사람들이 있으나, 이런 행동은 삼가는 것이 좋다. 접시 쪽으로 몸을 약간 이동하는 것은 괜찮다.

(4) 집기류의 올바른 사용

후식이 제공되기 전에 후식과 관련된 집기류 외에는 물 컵까지 치우게 되므로 물이 더 필요할 때에는 종사원에게 부탁하여 미리 한잔을 달라고 하는 것이 좋다.

일반적으로 후식과 관련해서 아이스크림이나 푸딩 등은 디저트용 스푼을 사용하고 포크는 디저트 접시 왼편 테이블에 올려놓는다. 손가락을 사용하여 먹는 과일류는 보통 핑거보울(finger-bowl)이 나오는데 손가락을 담가 씻는다. 커피와 티를 마실 때에는 커피 잔의 받침은 식탁에 두고 잔만 들어 마시며, 손가락을 손잡이 사이에 껴서 마시지 않도록 엄지와 검지로 살짝 잡아 주는 것이 좋다. 설탕이나 크림을 넣은 후 잔속에 스푼을 넣은 채 마시지 않도록 주의한다.

(5) 조미료 등의 사용

기호에 따라 소금이나 후추 타바스코 등의 조미료가 필요할 때가 있다. 조미료가 자신의 자리에서 멀리 떨어져 있을 때에는 가까운 자리에 앉아 있는 사람에게 건네줄 것을 부탁하는 것이 좋다.

서양의 문화는 자신의 영역에서 벗어나 타인의 공간에 침범하는 것은 매너에 어긋나는 행동이란 인식이 있다는 것을 잊지 말자.

2. 부식류(side-dish)와 특수음식 즐기는 요령

(1) 베이컨(bacon)

베이컨의 굽기 정도에 따라서 나이프를 사용할 수도 있고 그렇지 않을 수도 있다.

바삭하게 구워진 베이컨을 자르다가 튕겨져 나가지 않도록 조심하고, 샐러드 보울(salad bow)에서 작게 잘라 먹는 것이 좋다. 부드럽게 구워진 베이컨은 나이프를 사용하면 된다.

(2) 아티초크(artichoke)

아티초크는 엉겅퀴의 일종으로 지중해 연안에서 재배되며, 제주도에서도 일부 재배가 이루어지고 있다.

가공된 아티초크는 주로 피자의 토핑(top-ping)이나 파스타의 소스로도 사용된다. 싱싱한 아티초크 요리를 먹는 방법은 잎사귀를 손으로 떼어 소스에 묻혀 먹고, 줄기는 포크와 나이프를 사용해 먹으면 된다.

(3) 콩

콩류는 포크로 찍어서 먹지 않도록 한다. 가급적 포크를 사용해 으깬 후 떠먹도록 한다.

(4) 아스파라거스(asparagus)

아스파라거스는 주로 삶거나 버터에 볶아 먹으며, 그렇지 않으면 주재료와 함께 조리해서 먹는다. 먹을 때에는 포크와 나이프를 사용해서 먹으면 된다.

안주로도 먹을 수 있는데 손을 사용해서 소스에 찍어 먹으면 된다.

(5) 칵테일과 함께 제공되는 과일류

마티니에 들어 있는 올리브는 손으로 꺼내 먹어도 되며, 칵테일의 가니쉬(garnish)로 제공된 과일은 가급적 칵테일과 과일의 향을 음미하면서 즐길 수 있도록 놔두는 게 좋으며, 체리가 통째로 들어 있을 경우에는 칵테일을 다 마신 후 손으로 꺼내서 먹어도 된다.

(6) 피자

피자는 나이프와 포크를 이용해서 먹을 수도 있으며, 손으로 먹어도 된다.

성공하는 리더의
글로벌 매너

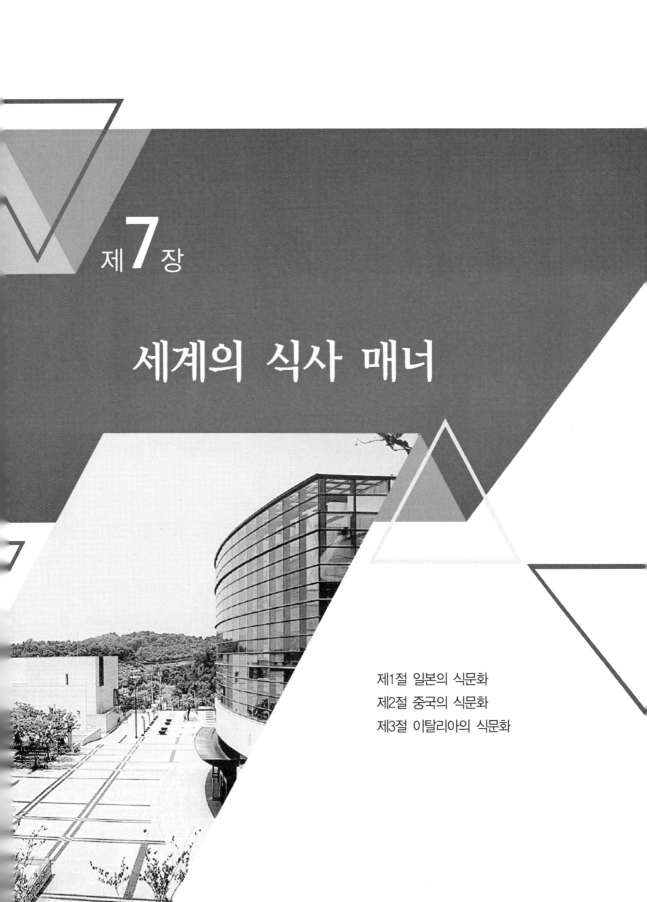

제**7**장

세계의 식사 매너

제7장

세계의 식사 매너

　나라마다 문화와 관습이 다르듯이 식사 매너 역시 각양각색(各樣各色)이다. 주식을 기준으로 하였을 때 젓가락문화와 포크 & 나이프 문화로 나누어서 생각해 볼 수 있다.

　서양은 빵과 육류를 주식(主食)으로 하기 때문에 식사의 편리함을 돕고자 포크와 나이프를 사용한 식사 매너가 발전을 하였고 반면, 대부분의 아시아 국가에서는 쌀과 채소류를 주식으로 하였기 때문에 작은 음식을 집기 편하도록 고안된 젓가락을 중심으로 식사 매너가 발전하였다고 볼 수 있다.

　물론 일부 국가는 여전히 손을 사용하는 식사 매너를 지켜오고 있으며, 이는 여러 가지 문화적·종교적 사상에서 근본을 두고 있다고 할 수 있다. 본 장에서는 각국의 식사 매너를 살펴봄으로써 식사문화(食事文化)와 관련한 이해의 폭을 넓힐 수 있을 것이다.

이웃나라 일본은 우리나라와 같이 동양권에서도 좌식문화를 지속시키고 있는 나라이다. 방석은 우리나라와 같이 앉을 때 밟지 않도록 조심한다.

우선 무릎으로 앉아 조정한다. 식탁은 다르나 일식의 기본은 겸상이 없다. 한사람 앞에 한상인데 다리가 없다. 주의할 점은 허리를 굽히고 먹는 것은 예의에 어긋나는 행동이다. 그릇에 뚜껑이 덮여 있는 것은 큰 것 위에 작은 것을 겹쳐 밑에 놓는다.

한국의 식사문화와 큰 차이점은, 숟가락이 없고 젓가락으로만 음식을 먹는다. 밥그릇, 국그릇은 반드시 들고 먹는 것이 기본이다. 국도 젓가락으로 먹는다. 일본음식은 튀긴 음식이 많고 생선요리가 많다. 특히 회가 많다. 밥은 자기가 떠먹는 게 보통이다. 두세 번 먹어도 실례가 아니다. 국을 마실 때에는 소리가 나도 상관이 없다.

1. 일본의 식사 매너 일반

일본요리의 예절은 아름답게 먹는 것이라고 할 수 있다. 한국의 비빔밥처럼 비벼먹는 것이 없고 대체로 따로따로 먹는 것이 특징이다. 일본요리에는 숟가락이 없어 국을 먹을 때 불편할 경우가 많으나 그릇을 들고 젓가락으로 먹으면 된다.

식사비는 일반적으로 특별한 경우가 아니면 할감(割勘, 와리캉-각자 지급)으로 하므로 한국식으로 연장자나 '직책이 높은 사람', '인원수가 많은 쪽', 또는 '남성들'과 같은 지급방식은 거의 하지 않는다.

많은 사람이 모였을 경우 편의상 한 사람이 우선 모두 계산하는 경우도 있으나,

이 경우에도 바로 정산하여 1인당 얼마씩 갹출하는데, 이를 '타데가에'라고 한다. 우리나라의 습관대로 기분이 좋아서, 친근감의 표시로, 체면상 모두 계산하는 경우가 종종 있는데, 일반적으로 일본인들은 부담감을 느끼므로 일본식(日本式) 매너를 존중하는 것이 좋다.

2. 식사에의 초대

일본 가정집에 초대받을 경우, 상을 받으면 먼저 감사히 잘 먹겠다고 인사를 하는 것이 예의다. 일본의 상은 우리나라 상보다 작고 낮은 편이며, 개인별로 차리는 것을 원칙으로 한다.

일본요리를 먹을 때에는 젓가락만 사용한다. 젓가락은 오른손으로 위에서 집어 왼손에 받친 다음 다시 오른손에 쓰기 좋게 쥔다. 식사 도중에는 오른쪽에 걸쳐 놓으며, 끝나고 나서 제자리에 놓도록 한다.

뚜껑을 열 때는 밥그릇, 국그릇, 보시기 등의 순서대로 열고 왼손으로 가볍게 뚜껑을 받치면서 오른손으로 연 뒤 상의 오른쪽에 소리 나지 않게 포개어 둔다.

국을 먹을 경우에는 먼저 국그릇을 두 손으로 들고 젓가락을 대고 국물을 한 모금 마신 다음 건지를 한 젓가락 건져 먹고 다시 상에 놓는다. 밥을 먹을 때도 밥그릇을 왼손에 받쳐 들고 오른손의 젓가락으로 먹은 다음 찬을 먹을 때는 나눔 젓가락으로 작은 접시에 덜어 먹는다. 젓가락으로 먹기 힘든 닭, 게, 새우 요리 등은 손으로 먹어도 좋으며 먹고 난 뒤 냅킨이나 수건으로 손을 닦는다.

식사가 끝나면 젓가락의 끝을 차에 씻어 제자리에 놓는다. 차를 마실 때에는 찻잔을 두 손으로 들어 왼손바닥에 받치고 오른손으로 찻잔을 감싸 쥐고 소리가 나지 않도록 마신 뒤 찻잔의 뚜껑을 덮는다.

3. 일본의 젓가락 매너

젓가락은 한국과는 달리 자신의 어깨선과 평행한 쪽으로 놓는데, 젓가락 받침이 있다. 젓가락을 들 때에는 오른손으로 젓가락의 가운데를 들면서 왼손으로 아래쪽을 받친다. 오른손을 미끄러지듯 젓가락 손잡이 부분을 잡으면 된다.

어느 것을 먹을까 망설이며 젓가락이 왔다 갔다 한다든가, 젓가락에 붙어 있는 음식을 빨아먹거나, 접시에 있는 음식을 뒤섞어 놓거나 젓가락으로 음식을 찔러 먹는 것은 금물이다. 멀리 있는 그릇을 젓가락으로 끌어당기거나, 젓가락 대(對) 젓가락으로 음식물을 주고받거나, 공동의 음식을 자신의 젓가락으로 집어먹는 것은 절대 금물이다. 공동의 음식에는 보통 전용 젓가락이 달려 있는데, 그렇지 않은 경우에는 자신의 젓가락을 뒤집어 손잡이 부분을 사용하여 공동음식을 집도록 한다.

4. 술자리에서의 매너

술을 마실 때에는 상대방이 다 비울 때까지 기다리지 말고 술잔에 술이 줄어들면 첨잔을 한다. 첨잔은 한국에서는 금기이지만 일본에서는 오히려 미덕으로 여기고 있다. 손님의 잔이 1/3 이하로 줄어 있는데도 주인이 권하지 않으면 자리를 "끝내자"라는 의사표시로 이해하면 된다.

술을 마시지 않는 사람이라면, 술을 권유받은 후 가만히 입을 댄 것으로도 족하니 무리하게 마시지 않아도 되고, 술을 따를 때도 한 손으로 하고 받을 때도 마찬가지이다. 전혀 실례가 되지 않으니 오해하지 않도록 한다.

대개 처음에는 맥주를 같이 마시고, 그 다음에 자기가 좋아하는 술을 각자 선택하는 경우가 많다. "어떤 술로 마시겠습니까?"라는 권유를 받았을 때에는 먼저 "간단히 맥주부터"라는 식으로 말하는 것이 일반적이다. 술을 받을 때에는 항상 머리 숙여 고마움을 표시한다. 일본인들도 1차, 2차, 3차까지 가는 것을 좋아한다. 한 곳에서 약 2시간 정도 가볍게 마시고, 자리를 옮겨 또 마신다.

5. 일본에서의 팁(tip)

한국과 마찬가지로 일본 역시 팁문화가 없다. 종사원이 서비스를 잘 해주었다면 고맙다는 말이면 충분하다. 특별히 감사의 마음을 전하고 싶을 때에는 받는 이에게 부담이 가지 않는 작은 선물이 좋다.

매너이야기 *manner*

■ 일본의 음주문화

① 늦게까지 술을 마시는 것과 폭음은 절대 피하도록 한다.

② 한국과 달리 일본에서는 술잔을 돌리는 것이 일반적이지 않으므로 삼가는 것이 좋다.

③ 양주를 스트레이트로 마시는 일본인은 거의 없다. 한류(韓流)와 더불어 한국의 소주가 일본의 애주가(愛酒家) 사이에서 인기가 많으나, 소주 역시 칵테일 방식으로 콜라나 오렌지 주스를 섞어서 마신다.

④ 일본에서는 식사비를 따로따로 지급하는 것이 일반화되어 있다.

⑤ 식당에서 큰 소리로 종업원을 부르지 않는다. "すみません : 실례합니다."라고 말하고 종사원에게 필요한 사항을 요청한다.

⑥ 음식을 덜어 먹을 때에는 반드시 가운데 있는 별도의 젓가락을 사용하고, 우리나라와 같이 자기 젓가락으로 남에게 음식을 집어 준다든지 하면 큰 실례이다.

⑦ 음식을 남기면 실례이므로 가급적 다 먹을 것

제2절   중국의 식문화

 광대한 땅과 다양한 민족을 포괄하고 있는 중국. 식재료와 요리 종류도 헤아릴 수 없이 많다. 중국요리는 크게 베이징(北京)요리, 쓰촨(四川)요리, 광둥요리, 난징 요리로 나뉜다.

1. 쓰촨(四川)요리

 촨차이(川菜)라고도 한다. 쓰촨(四川)은 바다에서 멀리 떨어져 있는 산악지대인 까닭에 해산물요리는 거의 없으며, 식품의 저장방식이 발달해 있다. 또한 차고 쌀쌀한 기후에 알맞은 향신료와 약재를 사용하여 자극적이고 얼얼하게 매운 요리가 발달했다.

 흔히 사용되는 조리법은 간사오(乾燒 : 단술로 맛을 내고 국물이 없어질 때까지 약한 불로 졸임)이며, 양념은 위샹(魚香 : 마늘·생강·파 등 생선요리의 양념을 고기요리에 사용하는 것)·쏸라(酸辣 : 식초·후추·고추 맛이 남) 등이 많이 쓰인다.

대표적인 요리로는 쏸라탕(酸辣湯 : 두부·달걀·목이버섯을 이용해 만든 대단히 매운 국)·위샹러우쓰(魚香肉絲 : 생선 양념을 하여 잘게 썬 고기)·마포더우푸(麻婆豆腐 : 두부와 두꺼비고기를 고춧가루로 볶은 것)·간사오밍샤(乾燒明蝦 : 새우를 고춧가루로 볶은 것) 등이 있다.

쓰촨지방에는 한서 차가 심한 악천우를 이겨내기 위해 향신료를 사용한 요리가 많고, 톡 쏘는 맛과 향이 요리의 기본이다. 마파두부, 짜사이, 새우칠리소스, 새우누룽지튀김 등이 유명하다.

2. 베이징(北京)요리

베이징요리는 문자 그대로 베이징 지역의 특색 요리를 가리키는데, 소고기와 양고기를 주재료로 쓰는 회교도 요리, 명·청시기 황궁에서 유출된 궁정요리, 정교한 조리법과 해산물 요리가 특징인 담가요리(譚家菜) 외에 일부 기타 지방요리가 합쳐져 형성되었다.

입맛이 짙으면서도 담백함과 연한 맛이 계속 살아 있는 베이징요리는 다시 산동과 동북, 산서, 섬서 등 지역을 포함한 중국의 북방지역 주민들의 입맛에 지대한 영향을 미치면서 중국 음식문화의 꽃으로 피어나기 시작하였다.

베이징요리가 자기만의 특색을 갖춘 요리체계를 형성할 수 있었던 주요한 원인은 수도로서의 베이징의 특수한 지위와 배경을 빼놓을 수 없다. 전국 각지의 많은 유능한 요리사들이 베이징(北京)에 집중되어 있었고 산과 바다에서 나는 진귀한 요리재료들과 사계절 신선한 야채들이 끊임없이 이곳에 운송되었기 때문이다.

최근 중국의 사회발전과 개혁은 베이징요리로 하여금 전통적 기초에서 더한층 비약할 수 있도록 발판을 마련해 주었다고 할 수 있다.

베이징요리는 현재 유구한 문화와 순박한 맛, 깊은 조예와 다채로운 특색으로 더욱 친근감 있게 세인들에게 다가서고 있다.

3. 광둥요리(廣東料理)

광둥요리는 중국 '남부지방' 요리의 총칭이다. 중국음식을 말할 때 광둥요리는 절대 빠지지 않을 정도로 유명하다. 하늘을 나는 것 중에서 비행기, 땅을 걸어 다니는 것 중에는 자동차, 물에 있는 것 중에서는 배를 제외하고 모두 음식으로 요리한다는 광둥요리는 다양한 재료만큼이나 풍부한 맛과 향으로 중국요리를 대표하고 있다.

요리기술에 있어서 광둥요리는 어느 정도 서양요리에서 많은 영향을 받았다. 예로부터 이 지역에서 서양과의 교류가 잦았기 때문이다. 광둥요리는 광주지역요리, 조주지역요리 그리고 동강지역요리로 구성되어진다. 해산물의 재료가 풍부한 이 지역의 요리는 섬세함과 부드러움, 신선함과 매끄러움을 강조한다. 광둥지역의 요리는 주재료가 두드러지고, 그 지역의 맛으로 가득 차 있다. 해산물과 육류가 광둥요리 메뉴에서는 두드러지고 그 중 뱀요리가 가장 유명하다.

광둥요리가 유명해진 이유는 광둥(廣東) 지방이 외국과의 무역 등 교류가 빈번했던 지역이라서 일찍부터 그 요리가 해외에 알려져 왔기 때문이다. 아열대에 위치하며 재료가 가진 맛을 잘 살려내는 담백함이 특징으로, 서구요리의 영향을 받아서인지 서양의 야채, 토마토케첩, 우스터소스 등의 재료와 조미료를 받아들여 중국화한 요리가 많다. 광둥요리는 일명 난차이(南菜)라고도 한다. 중국 남부지방의 요리를 대표하는 이 요리는 광주를 중심으로 복건성·조주·강동요리를 총칭하기 때문이다.

4. 난징(南京)요리

중국 중부의 대표적인 요리로, 난징(南京)·상하이(上海)·쑤저우(蘇州)·양저우(揚州) 등지의 요리를 총칭한다. 중국대륙의 젖줄인 양쯔강(揚子江) 하구에는 오랜

옛날부터 난징을 중심으로 풍부한 해산물과 쌀을 바탕으로 한 식생활을 하였다. 그러나 19세기부터 밀어닥치기 시작한 서유럽의 대륙 잠식은 상하이(上海)에 조계(租界)를 다투어 설치하기에 이르렀고, 이러한 외세의 입김은 결국 상하이를 중국 중부의 중심지가 되게 했다.

이 난징요리 중 서양풍으로 국제적인 발전을 한 것을 상하이요리(上海料理)라 한다. 상하이는 따뜻한 기후와 풍부한 농산물, 갖가지 해산물의 집산지로서 다양한 요리가 만들어졌고, 특히 이 지방의 특산물인 장유(醬油)를 써서 만드는 요리는 독특하다. 난징요리는 풍부한 해산물을 바탕으로 담백하고 품위가 있다. 간장과 설탕을 많이 사용하는 편, 상하이게장, 오향우육, 꽃빵, 뷔귀계, 홍소육 등이 유명하다.

5. 중국의 레스토랑 매너

대형 중식당에는 회전탁자가 놓여 웨이터가 요리가 담긴 큰 접시를 회전판 위에 얹어 놓으면 호스트는 공동 젓가락으로 자기 몫을 덜어낸 뒤 다른 사람 앞으로 접시가 가도록 돌려놓는다. 회전탁자는 시계방향으로 돌리는 것이 원칙이다. 자기 앞에 주요리가 담긴 접시가 오면 자신의 앞접시에 적당량을 덜어 놓는다. 한 번씩 덜어낸 다음에도 남아 있는 요리는 몇 번이고 가져와 먹어도 예의에 어긋나지 않는다.

뼈가 붙은 닭고기 요리는 손에 들고 먹어도 상관없다. 뼈는 따로 마련된 그릇에 담는다. 탕요리는 렝게(자기로 된 손잡이가 짧은 숟가락)로 떠서 담고, 흘리지 않도록 그릇을 들고 먹는다. 젓가락을 사용하지 않을 때에는 접시 끝에 걸쳐놓고 식사가 끝난 다음에야 젓가락 받침에 놓는다. 뜨거운 요리는 식기 전에 먹는 것이 예의다.

6. 중국요리 주문 요령

중식당은 6~8명이 함께 가는 것이 좋다. 중국요리는 대부분 양이 정해져 있어 여러 가지 요리를 맛보려면 여러 사람이 나누어 먹는 것이 경제적이기 때문이다. 식당을 택할 때에는 어떤 지역 요리를 취급하는 곳인지 미리 알아보고 간다. 대부분의 중식당은 광둥(廣東)요리를 기본으로 쓰촨(四川), 베이징(北京)요리를 가미해 서비스하고 있다. 중국요리는 1인분이 아니라, 양에 따라 대(7~8인분), 중(5~6인분), 소(3~4인분)로 나뉘어 있다.

사람 수에 따라 적절한 양을 선택하되, 일반적으로 4명이 넘을 때에는 요리 중에 수프(soup)류를 포함시키는 것이 좋다. 재료와 조리법, 소스 등이 겹치지 않도록 주문하되, 세트메뉴를 선택하면 비용을 줄일 수 있다. 술과 차의 종류를 확실히 알고 주문하면 좋다.

7. 중국의 술

(1) 백주

증류주를 말한다. 대표적인 것이 알코올 도수 53°인 마오타이다. 고량을 누룩으로 발효시켜 10개월 동안 9회에 걸쳐 증류시킨 뒤 술독에 넣어 밀봉한 채 3년 동안 숙성시켜 만든다. 중국정부의 공식 만찬에 빠짐없이 등장하는 술.

(2) 황주

양조주로 사오싱(紹興)주와 노주(老酒)가 대표적이다. 사오싱주는 쌀을 원료로 만든 술로, 따뜻하게 데워서 마시기도 하며, 독특한 향이 미각을 더욱 자극한다.

(3) 약미주

오가피주, 죽엽청주, 장미주, 녹용주 등이 유명하다. 이중 가장 유명한 술은 죽엽

청주. 1400여 년 전부터 중국인들이 즐겨 마셔온 술이다. 고량을 주원료로 녹두, 대나무잎 등 10여 가지 천연약재를 가미해 만든다. 혈액순환에 도움이 된다고 알려져 있다. 중국 술을 마실 때의 주의사항은 중국에서는 술에 약한 사람이라도 함께 마시는 것이 매너이다. 중국식 건배는 단번에 들이마셔 잔의 밑을 상대방에게 보여주는 것이다. 특히 연회석상에서는 알코올 도수 높은 마오타이주로 계속 건배를 한다. 술을 마실 수 없는 상황이라도 입술을 약간 적시는 정도의 성의는 보여야 한다.

8. 중국의 차(茶)

중국은 차의 나라라 해도 과언이 아니다. 차는 찻잎의 발효 정도에 따라 몇 가지로 나눌 수 있는데, 녹차는 불발효, 우롱차는 반발효, 홍차는 완전발효 차다. 한 가지 음식이 끝날 때마다 차를 마셔 입 안에 남아 있는 이전 요리의 맛과 향을 제거하는 것이 중국요리를 맛있게 먹는 방법이다. 차를 마실 때에는 오른손으로 찻잔을 감싸 쥐고 왼손으로는 차의 밑 부분을 받쳐든다. 맛과 향을 음미하며 조용히 마신다.

9. 코스에 따른 대표 요리

(1) 전채

차가운 것으로 해파리냉채와 피단(오리 알 요리), 뜨거운 것으로는 새우볶음 등이 있다. 대개 몇 종류를 모듬식으로 내는 것이 일반적이다. 전채의 경우 소스가 같을 때에는 한 접시에 덜어도 무방하다. 일단 덜어놓은 음식은 남기지 않는 것이 예의이다.

(2) 주채

① 상어지느러미 찜 : 말린 상어지느러미를 형태가 흐트러지지 않도록 오랜 시간 푹 삶아 지느러미가 국수처럼 되어 있는 것. 젓가락으로 적당량을 덜어 왼손에 든 렝게(숟가락)에 얹어 수프처럼 먹는다. 천연 발효한 과일식초를 조금 뿌려 먹으면 더욱 맛있다. 건더기를 다 먹은 후에는 접시를 기울여 국물을 떠먹는다. 중국 빵으로 남은 수프를 찍어 먹어도 좋다.

② 전복 오이스터소스 : 푹 삶은 전복을 오이스터소스에 찍어 먹게 되어 있다. 전복이 클 때에는 나이프로 얇게 잘라 먹는다.

③ 큰 새우 칠리소스 : 튀긴 왕새우를 생강, 파, 고추와 함께 볶아 맛을 낸 뒤 전분 가루를 넣어 걸쭉하게 만든 요리. 껍데기째 튀긴 것과 껍데기를 벗겨 내고 튀긴 것이 있다. 껍데기째 만든 새우요리는 일단 입 속에 넣어 소스를 맛본 후 껍데기를 발라 젓가락으로 빼낸다. 왕새우를 통째로 요리한 경우에는 젓가락으로 새우를 누르고 머리를 떼어 낸 뒤 새우 알을 먹고 이어 몸통 부분의 껍데기를 벗겨 먹는다. 손가락을 써도 상관없다.

④ 상하이게찜 : 소흥(紹興)주의 안주로 유명하다. 찐 게를 간장 소스에 찍어 먹는다. 등 부분에 붙어 있는 게알부터 떼어 내 소스를 뿌려 먹고, 이어 몸통을 반으로 잘라 살을 발라가며 먹는다.

⑤ 흰살 생선찜 : 도미, 조기 등 흰살 생선을 통째로, 혹은 적당히 잘라 소금과 술을 뿌려 찐 요리다. 국물 맛이 진해 생선과 함께 먹으면 더욱 맛있다. 젓가락으로 살에 소스를 묻혀가며 먹는다.

⑥ 베이징오리 : 껍데기에 춘장이나 매실장을 발라 구운 오리고기를 밀로 만든 얇은 피에 싸 먹는다. 앞접시에 피를 놓고 그 위에 껍데기가 밑으로 가게 오리고기를 얹은 뒤, 소스를 바르고 취향에 따라 오이나 파를 얹는다. 피의 앞쪽을 접고, 좌우 중 한쪽을 안으로 접은 다음 앞에서부터 돌돌 만다. 접지 않은 쪽부터 먹기 시작하면 소스를 흘리지 않을 수 있다.

(3) 디저트

튀긴 과자, 찐 과자, 구운 과자, 깨 찹쌀떡, 호두튀김, 사과탕, 바나나탕 등이 나온다.

이탈리아 요리는 원재료의 풍미를 한껏 살린 단순한 조리가 특징이다. 로마제국 분열 후 왕국마다 특유의 조리법이 발달해 많은 향토요리가 생겨났다. 나폴리와 시칠리아 섬이 있는 남부지방은 지중해의 풍부한 햇살을 받고 자란 올리브, 토마토로 유명한 지역이다. 해산물도 풍부해 이것을 재료로 한 요리가 많다. 밀라노, 베네치아를 중심으로 하는 북부지방은 길고 추운 겨울 때문에 진한 맛의 요리가 발달했고 쌀, 손으로 만든 파스타, 치즈나 크림 같은 유제품이 유명하다. 로마, 피렌체를 포함하는 중부지방은 파르메산 치즈와 햄이 유명하다. 토스카나 지방의 쇠고기는 최고의 품질을 가진 것으로 알려져 있다.

1. 이탈리아의 전통적 식사구성

이탈리아 사람들의 전통적인 식사는 하루에 다섯 끼다.

아침 → 스푼티노(Spuntino) → 점심 → 메란다(Merenda) → 저녁으로 이루어진다.

(1) 아침식사

이탈리아 사람들의 아침식사는 정말로 간단하다. 대부분 커피 한 잔으로만 아침을 해결하고, 아이들도 커피와 우유로 된 '라테(latte)'와 '비스킷'으로 때우는 게 일반적이다.

출근 전에 바(bar)에 들러 이런 간단한 아침을 사먹는 직장인들이 많다. 이 때문에 바는 아침 일찍부터 북적인다. 바는 우리 식의 술집이 아니라, 이탈리아에선 간단한 음식류와 음료를 파는 카페 정도로 생각하면 된다. 바에서 아침식사를 하는 사람들은 '카페오레'나 우유가 전혀 들어 있지 않은 아주 진한 커피인 '에스프레소'만을 마시는 경우가 많다. 이때 간혹 빵을 먹는 사람이 있다 해도, 끼니가 될 만한 식빵 종류가 아니라, 아주 작은 케이크 한 조각 정도가 고작이다.

(2) 스푼티노(Spuntino)

아침식사가 이렇게 부실하니 오후 2시경에나 먹게 되는 점심식사까지 견디기가 어렵다. 그래서 아이들은 학교 가는 길에 간식용 빵을 사가지고 가서 쉬는 시간에 스푼티노로 먹는다. 또한 어른들도 오전 11시를 전후해서 다시 바에 나와 간단히 빵과 커피로 스푼티노를 해결한다.

(3) 점심식사

대개 오전 일이나 학교가 끝나는 오후 1시경으로 많은 사람들은 집으로 돌아가 온 가족이 모여 함께 점심을 먹는다. 물론 대도시의 샐러리맨들이야 그냥 직장 근처에서 점심을 해결하게 되지만, 자영입자거나 중소도시 사람들은 보통 집에서 자동차로 15분 정도가 소요되는 곳에 직장이 있어 집에서의 점심식사가 일반적이다. 또한 라틴계 특유의 관습인 '시에스타', 즉 낮잠 자는 시간까지 겸할 수 있는 3시간 가량의 점심시간을 즐긴다는 점도 특이하다.

일반적으로 상점들은 오후 1시경에 문을 닫고 오후 4시를 전후해서 다시 문을 연다. 그러나 이탈리아가 유럽연합에 포함되면서 많은 자영업자들이 '시에스타'관습을 포기하고 서구화되는 추세이다.

(4) 메란다(Merenda)

4시를 전후해서 다시 오후의 업무가 시작되기 때문에 거리는 잠에서 깨어나 활기를 띠기 시작한다. 5시경이 되면 오후의 간식시간인 메란다를 갖는데, 젊은이들은 가까운 피자집에서 피자를 사먹는 모습을 많이 볼 수 있고, 가정에서는 집에서 구운 케이크와 홍차나 커피를 곁들이곤 한다.

(5) 저녁식사

오후의 일과는 대개 7시 30분을 전후해서 끝나고, 저녁식사 시간은 대개 8시 30분에서 9시쯤 시작된다. 이탈리아 사람들은 점심식사도 그렇지만, 특히 저녁식사는 특별한 이유가 없는 한 온 가족이 반드시 함께 해야 한다고 알고 있다. 이 시간은 단순히 음식을 먹는 때가 아니라 가족의 유대와 가정교육이 이루어지는 중요한 시간이기 때문이다.

시대가 바뀌면서 요즘 이탈리아에서도 다섯 끼를 다 챙겨먹는 모습은 점차 사라지고 있다. 하지만 대부분의 이탈리아 사람들은 여전히 하루 한두 끼만은 온 가족이 모여 식사하는 전통을 소중히 이어오고 있다. 이것이야말로 두터운 사랑과 친목이 넘치는 작은 가족국가를 유지하는 가장 좋은 방법이라는 것을 잘 알고서 자랑스럽게 받아들이고 있는 것이다.

2. 이탈리아식 풀코스(full-course) 요리의 구성

이탈리아 요리는 안티파스티(전채) → 프리미 피아티(첫 번째 접시라는 뜻) → 세콘디 피아티(두 번째 접시라는 뜻) → 포르마지오(치즈) → 돌체(디저트) → 카페(커피)의 순으로 구성된다.

이탈리아 요리는 상대적으로 코스에 대한 개념이 약하다. 세콘디 피아티를 중심으로 취향에 따라 구성하면 된다.

소스나 재료가 겹치지 않는지 신경을 쓴다. 이탈리아 사람들은 프리미 피아티와 세콘디 피아티를 함께 먹어야 식사다운 식사를 한 것으로 인정한다.

(1) 안티파스또(antipasto)

식욕을 돋우는 전채요리(appetizer)로서 계절의 특산품들을 잘 이용한다. 잘 익은 메론에 햄을 곁들이는 것이 대표적이다. 수프를 먹기 전에 나온다. 생햄과 멜론을 나이프와 포크를 이용, 적당히 잘라 같이 먹는다.

(2) 주빠(zuppa)

각종 수프가 제공되는 코스

(3) 프리모 삐아또(primo piatto)

주요리(entree) 전에 나오는 음식으로서 파스타나 쌀 요리가 주를 이룬다.

① 파스타(pasta) : 파스타에는 갓 손으로 만든 것과 건조 파스타가 있다. 국수의 굵기에 따라서도 구분이 가능하다. 각각의 파스타에 토마토 소스, 크림 소스 등 잘 어울리는 소스를 얹어 먹는다. 스파게티는 면을 살짝 익힌 쫄깃한 상태일 때 가장 맛있으므로 식기 전에 먹는다.

② 리조또(risotto) : 쌀을 버터나 올리브유로 볶아 양파, 닭고기, 치즈 등과 섞어 만든 이탈리아 북부지방 요리다. 뜨거울 때 포크로 떠먹는다. 주식이 아니니 너무 많이 먹지 않도록 조심한다.

이탈리아식 만두인 라비올라는 나이프와 포크를 이용해 먹는다. 파르메산 치즈가 제공된 경우에는 취향에 따라 적당량을 뿌려 먹는다. 그러나 해산물 소스에는 치즈를 뿌리지 않는 것이 정석이다.

(4) 세콘도 삐아또(secondo piatto)

주요리(entree)로서 육류나 생선과 해물 요리가 나온다.

① 베르무트 연어 : 베르무트(Vermouth)는 향쑥 등 몇 가지 약초성분을 와인에 걸러내 만든 리큐어다. 이 베르무트의 일종인 노일리주(또)와 생선국물 버터소스를 연어에 뿌린 요리가 베르무트 연어다. 생선용 나이프와 포크를 이용해 연어에 소스를 묻혀가며 먹는다. 남은 소스는 빵에 묻혀먹는다.

② 살팀보카(Saltimbocca) : 송아지고기를 저며 밀가루를 발라 살짝 구운 뒤 생햄과 소시지를 얹은 로마풍 요리. 화이트 와인과 쇠고기 국물을 이용해 만든 소스를 뿌린다. 생후 수개월 미만의 어린 송아지고기로 만든다. 나이프와 포크로 잘라 소스에 찍어 먹는다.

③ 피렌체풍 스테이크 : 티본에 소금, 후추를 묻혀 석쇠로 구워 낸 스테이크다. 두껍게 썰어야 맛있어서 대개 2인분을 기본으로 한다. 포크로 고기를 고정시키고 뼈를 따라 나이프를 움직여 살을 발라낸 뒤 먹을 만큼 덜어 온다. 레몬즙을 짜서 뿌린다.

④ 밀라노풍 오소부코(Ossobocco) : 송아지 뒷다리 살과 골수를 둥글게 잘라 다진 당근·셀러리·양파, 토마토와 함께 푹 삶은 요리, 밀라노식 리조토(볶음밥)가 곁들여진다. 뒷다리 뼈부분의 살은 나이프와 포크를 이용해 먹는다. 뼛속 골수는 작은 스푼 또는 작고 길쭉한 전용 스푼으로 떠 소스에 넣거나 리조토에 얹어 먹는다.

⑤ 콘토로노(contorono) : 세콘도 삐아또에 곁들여 나오는 음식으로 샐러드나 감자튀김, 강낭콩 등이 나온다. 프랑스 요리의 가니쉬(garnish)와 같다. 요리와 같은 접시에 나오지 않고 '콘토르노'라는 별도의 메뉴로 되어 있다. 취향에 따라 주문해 요리와 교대로 균형을 맞춰가며 먹는다.

(5) 포르마죠(fromaggio)

다양한 치즈들이 제공된다. 이탈리아산 치즈는 450여 종이나 되는데, 대표적인 것이 딱딱한 파르메산 치즈와 베르파이제, 말랑한 모차렐라, 푸른곰팡이 형태의 고르곤조라, 훈제치즈인 아프미카드 등이다.

포르마지오를 주문하면 여러 종류를 가져다주므로, 그 중 좋아하는 것을 선택한다. 향취가 강하므로 처음 먹어보는 것은 웨이터에게 조금 잘라달라고 해 미리 맛을 본다. 산지가 같은 레드와인과 함께 먹으면 더욱 맛있다.

(6) 돌체(dolce)

디저트로서 젤라토(아이스크림)나 케이크류, 마치도니아(과일 펀치), 크레이프 등이 제공된다.

(7) 까페(caffe)

최종적으로 에스프레소 커피가 제공된다.

3. 이탈리아 요리의 대명사, 파스타와 그 종류

파스타(pasta)는 밀가루를 물과 계란으로 반죽한 요리다.

수제(手製)파스타와 건조 파스타가 있는데, 그 종류가 100가지를 넘는다.

① 라자냐(Lasagna) : 작은 널빤지 모양의 파스타. 치즈나 소스를 교대로 쌓아 오븐에서 구워낸다.

② 스파게티(Spaghetti) : 국수 모양의 파스타. 면은 1.6~2.2mm까지 굵기가 다양하다.

③ 페투치네(Fettuccine) : 얇게 편 반죽을 폭 7~8mm로 홀쭉하게 잘라 만든 파스타. 크림소스에 버무려 먹는다.

④ 펜네(Penne) : 끝을 비스듬히 자른 원통형 파스타. 주로 매콤한 토마토소스에 버무린다.

⑤ **뇨키**(Gnocchi) : 수제 파스타의 한 종류. 삶은 감자를 이용한 감자뇨키, 삶은 시금치를 이용한 시금치뇨키 등이 있다. 반죽을 조금씩 떼내 손가락 굵기로 민 후 수제비처럼 조금씩 잘라내 만든다.

4. 이탈리아의 식사 매너

① 스파게티를 먹을 때 포크만 나왔다면 접시 한쪽 옆에서 한입에 먹을 만큼의 스파게티를 포크로 찍어 돌돌 말아서 먹는다. 하지만 포크와 스푼이 함께 나오는 경우가 더 많은데, 이때 스푼은 포크로 파스타를 잘 말 수 있도록 돕기 위한 것이다. 왼손에는 스푼을, 오른손에는 포크를 들고 한입에 먹을 수 있는 분량을 떠서 스푼 안쪽에 포크의 끝을 대고 면을 돌돌 말아서 포크에 감긴 것을 먹는다. 이탈리아에서는 포크를 시계방향으로 돌려서 먹어야 행운이 찾아온다고 믿는다. 실제로 파스타를 먹을 때엔 시계방향으로 감는 것이 편하다.

② 이탈리안 레스토랑에 가보면 식탁 위에 올리브유와 소금, 발사믹 식초(balsamic vinegar) 등이 놓여 있는 경우가 많은데, 올리브유에 발사믹 식초(balsamic vinegar)를 떨어뜨려 빵을 찍어 먹거나 샐러드 등의 요리에 더 첨가하기도 한다. 올리브유 병의 입구는 문 쪽을 향하게 놓는다.

③ 파스타나 피자 등을 먹을 때 파마산 치즈가루를 뿌려 주는데, 해물이 들어간 경우에는 뿌리지 않는 것이 좋다. 치즈의 향 때문에 해물 자체의 맛과 향을 제대로 즐기기 어렵기 때문이다.

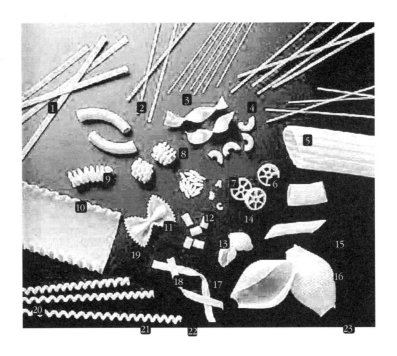

1.페투치니 : Fetticcine 2.링귀니 : Linguine 3.엔젤 헤어, 카펠리니 : Angel hair, Capellini 4.스파게티 : Spaghetti 5.베르미첼리 : Vermicelli 6.마니코티 : Manicotti 7.엘보우 마카로니 : Elbow macaroni 8.와이드 에그 누들 : Wide egg noodle 9.지티 : Ziti 10.로티니 : Rotini 11.라디아토레 : Radiatore 12.오르조 : Orzo 13.알파벳 : Alphabet 14.루오테 : Ruote, Wagon wheels 15.리가토니 : Rigatoni 16.펜네 : Penne, Mostaccioli 17.콘키글리에 : Conchiglie, Medium shells 18.디탈리니 : Ditalini 19.파르팔레 : Farfalle, Bow ties. 20.라자니아 : Lasagna 21.후질리 : fusilli 22.미디엄 에그 누들 : Medium egg noodle 23. 점보 쉘 : Jumbo shells

(자료출처 : www.orio.net)

성공하는 리더의
글로벌 매너

제**8**장

호텔 매너

제1절 호텔의 이용
제2절 호텔 매너

제**8**장

호텔 매너

호텔의 기원은 라틴어의 호스피탈레(Hospitale)로, '순례 또는 참배자를 위한 숙소'를 뜻한다. 이후 '여행자의 숙소 또는 휴식장소, 병자를 치료하고 고아나 노인들을 쉬게 하는 병원' 이라는 뜻의 호스피탈(Hospital)과 호스텔(Hostel)을 거쳐 18세기 중엽 이후에 지금의 뜻으로 바뀌었다.

유럽에서는 산업혁명을 계기로 교통수단이 발달하고 여행자의 수가 증가하면서 현대식 기업형태의 호텔이 등장하였는데, 1850년에 세워진 프랑스의 그랜드 호텔이 유럽의 호화호텔의 효시로 꼽힌다. 이후 유럽의 호화롭고 사치스러운 경향의 호텔이 대중성을 잃고, 미국을 중심으로 편리함과 쾌적함을 추구하는 새로운 개념의 호텔이 등장해 이것이 오늘날까지 호텔의 대종(大宗)을 이루고 있다.

호텔의 개념에 대해서는 나라마다 약간씩 다르나, 보통 일정한 지급능력이 있는 사람에게 숙소와 식음료를 제공할 수 있는 시설을 갖추고, 고객이 원하는 서비스를 제공하는 장소 또는 그러한 서비스 업체를 가리킨다. 한국에서는 관광진흥법에서 '관광객의 숙박에 적합한 구조 및 설비를 갖춘 시설에서 사람을 숙박시키고 음식을 제공하는 업'이라고 규정하고 있는데, 일반적인 정의와 크게 다르지 않다.

기능은 크게 3가지로 나뉘는데, 첫째 서비스 안내 및 판매와 객실 정비 및 접객 등 인적 서비스 기능, 둘째 고객을 위해 호텔시설을 제공하는 물적 서비스 기능, 셋째 인터넷이나 팩시밀리와 같이 고객에게 편의를 제공하는 기타 서비스 기능을 들 수 있다. 또 호텔은 장소에 따라 도시·교외·해변·항구·공항·터미널·컨트리 호텔 등 여러 형태로 분류되며, 기타 목적이나 요금 지급형식에 따라서도 여러 형태로 분류된다. 크기는 보통 객실 수 300개 이상을 대규모 호텔, 객실 수 100~300 개를 중규모 호텔이라 하고, 객실 수 100개 이하를 소규모 호텔이라 한다. 등급은 유럽에서는 별(star)로 표시하며, 우리나라에서는 무궁화로 나타낸다. 이에 따르면 특1등급·특2등급은 무궁화 5개, 1등급은 무궁화 4개, 2등급은 무궁화 3개, 3등급 은 무궁화 2개로 표시한다. 등급결정은 현관 및 로비, 객실부문, 식당 및 주방, 부대 시설 관리 및 운영, 종사원 복지 및 관광사업에 대한 기여, 주차시설, 건축 및 설비, 전기 및 통신, 소방 및 안전 등 9개 부문의 평가를 통해 이루어진다.

한국 최초의 호텔은 1889년(고종 26년) 인천에 세워진 대불호텔이며, 1902년 서울 정동에 세워진 손탁호텔은 최초의 서구식 호텔로 꼽힌다. 이후 1909년 하남호텔, 1912년 철도호텔(부산·신의주), 1914년 조선호텔, 1936년 반도호텔을 거쳐 1963년 워커힐호텔, 1966년 세종호텔, 1973년 롯데호텔 등 대규모의 현대식 호텔들이 잇따라 생겨났다.

출처 : (네이버 백과사전)

제1절 호텔의 이용

　과거 호텔이란 장소는 일부 부유층의 전유물처럼 여겨졌던 시기가 있었다. 그러나 88서울올림픽을 계기로 대규모의 호텔들이 등장하게 되었고, 현재는 중·저가 호텔에서부터 장기 투숙객을 위한 레지던스 인(residence inn)에 이르기까지 더 이상 호텔이란 곳이 일부 특수 계층을 위한 곳이 아닌 도심 속의 휴식공간이자 비즈니스의 공간으로서의 역할을 담당하고 있다. 보다 편안하고 안락한 호텔의 이용을 위하여 호텔의 각 부서들에 관하여 살펴보도록 하자.

1. 호텔의 부서 및 포지션

(1) 객실부(Rooms division)

① FO 클럭(Front office clark)

　보통 Front-desk clark 또는 리셉셔니스트(receptionist)라고 부른다. 고객의 호텔 투숙과 관련한 체크 인/아웃(check-in & out)과 관련된 업무를 담당하며, 객실과 관련된 각종 정보와 서비스를 제공한다.

② GRO(Guest Relations Officer)

대부분의 특급호텔은 VIP들을 위한 객실들로 이루어진 귀빈 전용 층을(EF : Executive Floor) 운영하고 있다. GRO들은 귀빈층에 마련되어 있는 EFL(Executive Floor Lounge)이라는 전용 라운지에서 근무를 하며, 귀빈들만을 위한 Express check-in & out을 담당한다.

GRO들은 그밖에 귀빈들의 비즈니스 업무에 필요한 요구사항들을 관리하며, 여행이나 쇼핑 등 고객의 편의와 관련된 제반 업무를 담당하고 있다. 무엇보다 GRO들에게 요구되는 요건은 영어, 일본어 등의 언어적 능력뿐만 아니라 고객으로 하여금 편안함과 친근감을 느낄 수 있도록 하는 서비스 마인드를 필요로 한다.

③ 컨시어지(Concierge)

중세시대 성(城)의 초를 관리한 '촛불관리자'를 의미하는 프랑스어 'comte des cierges'에서 유래했다. 사전적으로 컨시어지는 호텔 등의 접객관리인으로 정의하고 있다.

그러나 '한국컨시어지협회'에서는 특급호텔 컨시어지들을 '법적·도의적으로 문제가 생기지 않는 범위에서 고객을 위해 가능한 모든 것을 도와주는 것'이라고 자신들의 역할을 설명하고 있다.

컨시어지들의 좌우명은 고객의 요구사항에 대해서 절대로 No라고 대답하지 않는 것이다. 부득이한 경우, 고객을 설득하여 대안을 제시하더라도 최대한 고객의 요구 서비스를 수행하는 것을 목표로 한다. 보통 컨시어지 부문은 현관접객요원인 Door man, 로비에서 고객을 영접하는 Bell man의 업무 등을 포괄한다.

④ 통합 객실정보부(Communication Center)

보통 컴센터(com center)라고 하며, 예전의 전화교환원(operator) 역할과 예약업무 및 객실 세일즈(RSVN & Sales : Reservation & Sales), 투숙객의 오더 테이킹(order taking : 객실 내 음식주문과 배달) 등의 업무를 통합한 업무를 담당한다. 컴센터 부서의 활용은 현대 호텔들의 부서 축소와 호텔의 효율적 운영을 위한 추세이다.

⑤ **비즈니스센터(Business center)**

고객의 비즈니스와 관련된 서비스를 제공한다. 팩스 송수신, 번역, 인터넷, 회의실 운영 및 관리, 우편물 대행 서비스 등을 담당한다. 대부분의 서비스는 유료이며, 모든 서비스에는 이용요금 외에 별도의 10%세금과 10%서비스 요금이 부과된다.

⑥ **안전관리부(Security department)**

고객의 안전과 치안관리의 업무를 담당한다.

(2) 객실관리부(Housekeeping)

① **룸메이드(Roommaid)**

호텔은 주로 객실상품의 판매를 통하여 수익을 발생시킨다.

그런 점에서 상품의 지속적이고 한결같은 품질의 유지는 객실의 상태를 어떻게 관리하고 유지하는가와 관련이 깊다고 하겠다.

룸메이드는 손님들이 사용하는 객실을 정리, 정돈하는 업무를 수행하는 사람으로 룸메이드 웨곤(roommaid wagon)에 필요한 물품을 준비하고 객실을 이동하면서 객실의 청소, 모포, 시트의 교환을 하는 업무를 담당한다.

고객이 체크아웃을 한 객실을 다시 판매 가능한 상품으로 만드는 데에는 룸메이드 1명이 평균 35분~45분이 소요된다고 한다.

② **세탁부(Laundry department)**

객실의 모포, 시트, 수건 등의 세탁업무와 고객의 요청에 의한 의류의 드라이 클리닝 등을 유료 서비스한다.

특급호텔과 같이 대규모의 호텔은 운영의 효율화를 위해서 외부 업체를 선정해 업무를 담당케 하는 아웃소싱(out sourcing)제도를 활용하고 있다.

③ **시설관리부(Engineering department)**

호텔 내의 전기, 배관, 위험요소, 화재예방 등의 관리를 담당한다.

(3) 식음료 부서(Food & Beverage Division)

① **웨이터 · 웨이트리스(Waiter/Waitress)**

레스토랑과 바(bar), 로비라운지(lobby lounge) 이용고객에게 식음료 서비스를 제공한다. 외국의 호텔에서는 남녀 평등의 개념에서 웨이터 · 웨이트리스라는 단어보다는 서버(server 또는 service attendant)라는 말을 주로 사용한다.

② **바텐더(Bartender)**

Bar를 이용하는 고객에게 음료나 주류서비스를 제공한다. 칵테일을 주조하거나 식음료상품 판매와 연계된 판촉활동까지 담당한다.

③ **소믈리에(Sommellerie)**

포도주를 관리하고 추천하는 직업이나 그 일을 하는 사람을 말한다. 영어로는 와인캡틴(wine captain) 또는 와인웨이터(wine waiter)라고 한다. 중세 유럽에서 식품보관을 담당하는 솜(Somme)이라는 직책에서 유래하였다.

이들은 영주가 식사하기 전에 식품의 안전성을 알려주는 것이 임무였다. 19세기경 프랑스 파리의 한 음식점에서 와인을 전문으로 담당하는 사람이 생기면서 지금과 같은 형태로 발전하였다.

④ **기물관리원(Steward)**

호텔에서 사용되는 유리잔, 은기물(silverwear) 등의 관리 및 청결 유지 등을 담당한다.

⑤ **조리부(culinary department)**

조리부는 조리장(chef), 부조리장(sous-chef), 1급, 2급, 3급 조리사들로 이루어진 line cook이 있다. 호텔 내 레스토랑의 조리와, 객실내의 주문과 관련한 조리업무를 담당한다.

(4) 스파와 피트니스 클럽(Spa & Fitness club)

① 리셉션니스트(Receptionist) : 클럽을 찾은 고객의 영접과 외부 회원을 관리 하는 업무를 담당한다.
② 서비스 요원(Service attendant) : 클럽시설의 유지 보수와 클럽 고객의 서비 스를 담당한다.
③ 스포츠 강사(Gym instructor) : 클럽 내 수영강습과 운동기구 등과 관련한 고 객의 안전관리, 교육과 관련한 강습을 담당한다.

(5) 영업/판촉, 마케팅 부서

① 객실 판촉(Rooms sales & promotion) : 객실판매와 관련된 업무를 담당한다. 여행사, 기업체, 개인 고객들의 판매와 판매촉진을 담당한다.
② 연회 판촉(Banquet sales & promotion) : 단체 행사, 결혼, 기업체 홍보와 같 은 대규모의 행사와 관련한 판매와 촉진을 담당한다.
③ 마케팅 부서(Marketing departing) : 호텔 홍보, 호텔의 판매상품과 관련한 정 보의 수집 등 경영수익의 극대화와 관련한 업무를 총괄한다.
④ 로얄티 프로그램 관리부(Loyalty program promotion team) : Loyalty program 이란 호텔상품을 구매한 고객이 반복 구매하였을 때 특정한 혜택을 주는 것을 의미한다. 마일리지 축적제도라고도 하며, 가격의 할인혜택이나 객실 의 업그레이드 등 금전적·비금전적으로 다양한 혜택을 고객에게 부여함 으로써, 지속적 구매를 유도하고 경쟁에서 우위를 확보하기 위한 경영전략 제도이다.
즉, 로열티 프로그램은 보상을 통해 고객의 재구매를 유도하고, 이를 통해 습득한 고객 지식으로 개인적인 서비스를 제공하여 고객과 정서적인 관계

를 형성함으로써 고객 로열티를 강화하고자 하는 총체적인 접근수단이다.

(6) 인사부(Human resource department)

호텔 종사원의 복리후생과 교육, 승진, 상벌 등과 관련된 제반 업무를 담당한다.

2. 호텔종사원의 용모

서비스의 꽃이라 불리는 호텔서비스 종사원들은 최고의 서비스를 고객에게 제공하기 위해서 품위있고 기품있는 용모와 자세를 필요로 한다. 서비스 상품을 고객에게 판매하는 호텔종사원의 깔끔하고 바른 용모는 무형의 서비스상품을 보다 차원 높은 상품으로 유형화시키는 촉매역할을 한다.

(1) 복장

호텔의 유니폼은 고객으로 하여금 특정호텔의 이미지를 형성하는 동시에 깔끔하고 정갈한 느낌을 준다. 이를 위해 호텔종사원들은 항상 깨끗하게 세탁된 유니폼을 착용할 수 있도록 한다. 특급호텔들의 경우, 서비스의 차별화를 위하여 해외의 유명 디자이너들에게 의뢰하여 유니폼을 제작하고 있다. 아시아 최초의 W호텔의 경우, 아웃핏(out fit) 디자이너 바바라 바타글리니(Barbra Battaglini)가 디자인한 유니폼을 착용함으로써 W호텔의 모던함과 활동감이 잘 표현됐다는 평을 받고 있다.

여성 종사원에게 있어서 화장은 고객보다 화려하거나 튀지 않는 것이 중요하다. 눈 화장은 짙은 색조는 지양하는 것이 좋으며, 검정 또는 회색 톤의 아이펜슬을 사용하여 하는 것이 좋다. 입술 화장 역시 원색의 짙은 색조보다 엷은 색조의 핑크 계열이 무난하다. 머리스타일은 단정하게 묶는 것이 좋으며, 귀걸이나 목걸이와 같은 액세서리는 단정한 이미지를 줄 수 있는 심플한 디자인이 무난하다.

대부분의 특급호텔에서는 액세서리의 착용이 엄격하게 제한되고 있으나 회사의 규정과 방침에 따라 오히려 종사원의 치장과 독특함을 독려하는 호텔들이 증가하고 있는 추세이다. 호텔의 이미지와 성격이 독특함과 젊음 지향적이라면 보다 개성 있는 종사원을 원하고 있는 것도 사실이다. 하지만 무엇보다 중요한건 호텔종사원으로 지켜야 할 가장 기본적인 청결함과 깔끔함, 그리고 품위임을 잊어서는 안 될 것이다.

(2) 두발

유니폼과 함께 호텔종사원의 첫인상을 좌우하는 것은 머리 상태와 헤어스타일이다. 항상 청결한 머리 상태를 유지함은 물론이며, 남자 사원의 경우 두발이 귀를 덮거나 뒷머리가 셔츠 깃을 덮지 않도록 하는 것이 좋다. 프로페셔널한 모습을 연출하기 위해서 헤어젤(hair gel)과 같은 제품을 사용하는 것도 좋으나 너무 튀거나 반짝이는 제품은 피하는 것이 좋다.

여자사원이라면 밝은 색의 염색은 피하는 것이 좋으며, 머리가 길다면 단정하게 머리를 빗어 이마가 보일 수 있도록 하며, 뒷머리는 망사 핀을 이용하여 고정하는 것이 좋다. 머리에 착용하는 머리핀의 경우 화려한 장식이 되어있거나, 밝은 색의 액세서리 핀은 사용하지 않는 것이 매너다.

(3) 액세서리

회사별 규정에 따라 다르지만 일반적으로 여성종사원의 경우, 반지 하나, 귀에 고정되는 형태의 귀걸이, 단순한 형태의 목걸이 등은 허용되고 있다. 하지만 고객보다 화려한 액세서리는 착용하지 않는 것이 매너.

3. 호텔종사원의 근무자세

(1) 바른 자세의 유지

호텔의 경영지원부서가 아닌 객실부 등의 접객종사원들은 직접 고객을 서비스하는 중요 요원들이라 할 수 있다. 고객을 대면하는 고객 접점 요원들은 근무시간 동안 착석하는 경우가 드물다. 긴장한 상태에서 바른 자세를 유지한다는 것이 쉬운 일만은 아닐 것이다. 하지만, 접점 종사원의 바른 자세는 호텔에서 제공되는 서비스의 품질을 가늠할 수 있는 척도가 될 수도 있다.

바른 자세의 접점 요원을 통해 호텔의 품위있는 서비스를 기대하고 만족하게 되는 것이다. 바른 자세를 유지하기 위해서 다음의 사항들을 유념하는 것이 좋다.

① 대기자세로 서 있을 때에는 어깨를 바르게 펴고, 턱이 들리지 않은 상태에서 자연스럽게 안으로 끌어당긴다.

② 허리는 불편하거나 어색하지 않게 보일 수 있도록 한다. 무의식적으로 구부리지 않도록 한다.

③ 손의 위치는 남자의 경우 두 손을 포개어 왼손이 오른손을 살짝 덮어 단전에 가볍게 올려놓는다. 여성의 경우는 남성과 반대의 손위치를 한다.

④ 대기 자세로 서 있을 경우, 허리가 아프거나, 피로감을 쉽게 느낄 수 있다. 그럴 때에는 가볍게 주변을 돌아본다거나, 주위 고객의 불편사항을 물어보는 것이 좋다.

(2) 인사방법

고객과 인사를 할 때에는 반드시 눈을 먼저 맞추는 것이 중요하다. 고객의 성함을 알고 있을 경우, "Welcome back, Mr. Brown"과 같이 인사한다. 대기 자세에서는 밝은 미소와 함께 가볍게 상체를 25~30도 각도로 움직인다. 너무 과다하게 허리를 굽히거나, 고개만 까딱이는 경우는 좋지 않은 인상을 남길 수도 있음을 유념한다. 손의 위치는 어색하거나 딱딱한 자세가 되지 않도록 가볍게 단전에 놓는다거나, 바지 옆선에 살짝 대는 것이 좋다.

인사의 각도 역시 호텔별로 다르기는 하지만, 최근의 추세는 가볍게 고개를 숙임으로써 어색하지 않은 인사를 하는 것이 일반적이다. 인사를 할 때에는 밝은 미소와 간단한 인사말을 곁들이는 것이 더욱 친근감 있다. 상황에 맞는 인사말을 준비해 두는 것도 매너이다.

(3) 앉는 자세

엉덩이를 의자의 뒷부분에 밀착하고 등은 가볍게 등받이에 닿을 듯이 앉게 되면 허리가 곧게 펴지는 바른 자세가 된다. 이러한 자세는 처음에는 불편할 수도 있지만, 시간이 지나면 오히려 허리에 무리가 가지 않으면서 편한 자세가 된다.

앉을 때에는 다리를 꼬아 겹쳐 앉지 않도록 하며, 남성의 경우 다리를 벌려 좋지 않은 모습을 보이지 않도록 한다. 여성의 경우 구두의 앞굽을 오른쪽 뒤로 가볍게 끌고, 무릎은 왼쪽으로 기울이는 것이 단정하고 프로페셔널하게 보인다. 펜을 쥐고 있지 않은 경우라면, 오른손으로 왼손을 가볍게 쥐고 가슴 가운데 밑에 위치한다.

(4) 방향지시

호텔을 방문하는 고객들은 투숙만을 목적으로 하지 않는다. 비즈니스를 위해 로비 라운지를 이용하거나, 바이어와의 중요한 미팅이 있거나, 가족모임이 있거나, 연회행사의 참석을 위해 방문하는 등 고객 하나하나 그 목적이 다르다. 생소한 호텔에서 목적장소를 찾아가기란 그리 쉬운 일은 아니다. 고객이 원하는 목적장소를 문의하였을 때는, 가급적 고객을 직접 목적장소까지 안내하는 것이 특급호텔의 표준 서비스이다. 하지만, 직접 고객을 안내하는 것이 어려운 상황이라면 손을 사용해 방향을 정확하게 지시해 줘야 한다.

손가락을 사용해서는 안 되며, 손바닥이 하늘을 향하게 하여 손가락은 가지런히 모아야 한다. 고객이 오른편에 서 있다면 고객의 정면을 향해 선 후, 목적지가 오른편이라면 오른손으로, 왼쪽이라면 왼손으로 방향지시를 하는 것이 옳은 방법이다.

(5) 근무 중 유의사항

호텔종사원에게 있어서 무엇보다 중요한 것은 감정의 조절이다. 연극학적 관점에서 호텔종사원의 서비스 수행업무를 설명하면 호텔은 연극무대이며, 그 무대의 배우는 호텔종사원이 된다. 고객은 연극의 관람객이 되며, 3개의 구성요소가 호텔업무라는 상황극을 만들어 갈 수 있게 된다. 서비스종사원의 가장 어려운 점 하나를 꼽으라면 바로 감정의 조절일 것이다. 무례한 고객으로 인하여 감정이 상할 수도 있으며, 개인적인 사정으로 그날의 감정상태가 서비스의 전달에 있어서 오점을 남길 수도 있다. 그러나 연극이라는 무대에 서 있는 배우라고 생각한다면 감정의 조절이 그리 어려운 것만은 아닐 것이다.

한결같은 서비스를 제공하기 위해서, 무대 위에서 연극을 하는 동안만큼은 최고의 배우가 될 수 있도록 노력해야 할 것이다. 최고의 배우가 되기 위해 작품과 배역, 그리고 관객과 삼위일체가 되도록 노력하듯이 표정의 변화 하나하나에도 신경을 써야 할 것이다.

제2절 호텔 매너

최고급 서비스를 제공받기 위해서는 서비스를 제공받을 준비가 되어 있어야 한다. 호텔종사원에 의해서 제공되는 대인 서비스는 결국 사람과 사람 사이의 교감이라고 할 수 있다. 동등한 품질의 음식이 제공되었다고 가정했을 때, 같은 비용의 식사를 구매했음에도 서비스부문의 만족 차이가 발생하는 것은 서비스를 제공하는 종사원의 문제일 수도 있고, 서비스를 구매하는 구매자의 문제일 수도 있다.

최고의 서비스를 위해서는 서비스 구매당사자 역시 일정부문 서비스 수행에 참여하게 된다. 최고의 고객으로서 최상의 서비스를 제공받을 수 있도록 품위 있는 호텔고객이 되는 방법을 살펴보자.

1. 호텔예약

고급 호텔의 투숙을 원할수록 사전예약은 필수요건이다. 호텔예약은 금전적인 부분과도 직결된다. 예약 없이 호텔을 찾아가 투숙을 원하는 고객을 보통 워크인 게스트(walk in guest)라고 부른다. 워크인 게스트의 경우, 객실료의 할인혜택을 받지 못하는 경우가 많으며, 성수기의 경우에는 객실확보를 장담할 수도 없는 문제이다.

여행을 계획할 때, 호텔별 프로모션이나 할인혜택 등과 관련된 정보를 수집하여 현명하게 호텔을 이용하는 것도 만족도를 높이는 방법일 것이다. 예약 취소와 관련해서는 호텔별로 예약취소(cancelation)규정이 있으므로, 취소 수수료를 최소화하는 범위에서 신속히 조취를 취해야 한다. 취소절차 없이 투숙하지 않는다면, 체류하지 않은 예약된 일자의 숙박비를 100% 지급해야 하는 것이 관례이다.

2. 객실이용 매너

① 특급호텔을 이용할 때에는 가급적 정장차림이 매너이다. 휴양지나, 리조트 호텔이 아니라면 가급적 반바지 차림의 출입은 삼가는 것이 좋다. 이는 고급 호텔을 이용하는 매너이자 종사원들로부터 질 높은 서비스를 제공받을 수 있는 준비가 되어 있다는 표현이다.

② 체크인 절차를 마치고 front-desk에서부터 객실까지의 안내를 책임지는 Bell-man에게 1달러의 팁을 주는 것이 매너이다. 한국의 경우, 팁문화에 익숙하지 않아, "팁을 주는 것이 혹시 결례가 되지 않을까?"하는 생각을 할 수도 있으며, 쑥스러워 팁 주기를 망설이는 경우가 종종 있다. 그러나 서양의 팁문화는, 자신의 서비스에 만족한 고객이 흡족한 마음을 팁으로서 하는 것이므로, 팁을 받은 서비스종사원은 본인의 서비스에 "고객이 만족했구나!"라고 생각하기 마련이다. 서비스에 만족했을 때엔 주저 없이 팁으로 표현을 하는 것이 매너이다.

③ 엘리베이터 안에서 또는 객실 복도에서 외국인과 눈이 마주치면 가벼운 미소와 함께 인사를 건네는 것이 매너이다. 시선을 피하거나, 힐긋힐긋 쳐다보지 않는다. 가급적 엘리베이터 내에서는 정숙하고 문 앞에 서 있다가 승강기 문이 열리면, 오르고 내리기 편하게 위치를 고쳐 서도록 한다.

④ 객실 키(room key)는 전통적인 열쇠방식, 삽입형 카드키방식, 터치카드키 방식이 있다. 키를 분실했을 때에는 키를 변상해야 함은 물론이거니와 객실 내의 도난사고와 직결되므로 외출시에는 반드시 프론트에 맡기도록 한다.

⑤ 객실의 텔레비전 채널은 호텔에서 제공하는 일반방송 채널과 유료 채널(pay per view)이 있다. 객실 내에 비치된 객실안내 책자에 따라 프로그램을 즐기면 된다. 최근엔 유료 영화채널 서비스 이외에, 객실에서 공항 이용 상황이나 실시간 기상정보 등 다양한 정보를 이용할 수 있다. 또한 객실 내의 텔레비전을 이용하여 비디오 게임을 즐길 수 있으나, 대부분의 경우 과금(charge)이 되니, 의도하지 않은 사용으로 인하여 부과되는 일이 없도록 해야 할 것이다.

비즈니스 목적의 투숙객을 위하여 초고속 인터넷을 객실에서 이용할 수 있으나, 이 역시 유료 서비스이니 사용 전에 문의를 하는 것이 좋다. 객실 내의 전화로 호텔 내 전업장의 통화가 가능하며, 국내전화(local call), 국제전화(international call)가 가능하다.

⑥ 객실 내에서 간단한 식사를 하고자 할 때에는 룸서비스를 이용할 수 있다. 룸서비스를 이용하여 객실 내에서 식사를 할 때에는 레스토랑 이용요금의 10~15% 정도가 비싸다. 그 밖에 간단한 스낵류와 음료를 즐기고 싶다면 객실내의 미니바를 이용하는 것도 좋다. 객실에는 어메니티(amenity)라고 하여 생수, 커피, 홍차, 녹차가 마련되어 있다.

이는 모든 객실 투숙객에게 제공되는 무료 음료이니 편하게 즐기면 된다. 어메니티(amenity)는 기본 음료 외에 목욕용품 등이 있다. 보통 객실 복도에는 아이스 룸(ice machine)이 마련되어 있으니, 얼음이 필요한 경우 얼마든지 무료로 얼음을 즐길 수 도 있다.

⑦ 룸메이드는 사용 중인 객실(occupied room)의 청소와 타월 체인지 등 객실 메이크업 서비스를 실시한다. 룸메이드의 청소로부터 방해받고 싶지 않다면, 현관 문 손잡이에 걸려 있는 D&D Card(Do not Disturb Card)를 복도쪽 객실 손잡이에 걸어두면 된다. 또는 현관 옆에 있는 D&D 버튼을 누르면 자동으로 Do not Disturb사인이 점등된다.

⑧ 특급호텔 객실의 욕실바닥은 대부분 배수구가 없다. 이를 모르고 바닥에 물을 흘린다거나 하면 배수가 되지 않아 욕실바닥에 물이 차게 된다. 샤워를 할 때에는 샤워 커튼을 욕조 안으로 넣어서 욕조 밖으로 물이 넘치는 일이 없도록 해야 한다.

⑨ 호텔 투숙 중 잠옷 차림으로 복도를 다니지 않는 것이 매너이다. 일행이 옆방에 투숙하고 있다 하여 잠옷 차림으로 복도를 다니거나, 객실 문을 열어 놓은 상태로 출입을 하는 것 또한 매너가 아니다.

⑩ 객실을 나설 때에는 머리맡에 1불 정도의 팁을 놓는 것이 매너이다. 체크아웃을 할 경우가 아니더라도, 객실을 정리하는 룸 메이드를 위해 팁을 남겨 두도록 하자.

⑪ 세탁서비스를 의뢰하고 싶을 때에는 옷장 안에 있는 세탁물을 담는 비닐봉

지에 넣은 후 객실 내에 비치되어 있는 주문서에 필요사항과 의뢰하는 세탁물의 개수, 아이템 항목을 기입하면 된다. 다림질을 필요로 할 경우, 옷장 안에 다리미와 다림판이 준비되어 있다면 사용하면 되고, 없을 경우 프론트에 요청하면 된다.

3. 식음료 서비스 이용매너

① 호텔 식음료업장의 이용 역시, 호텔 객실과 마찬가지로 사전에 예약을 하는 것이 매너이다. 식사의 목적이 비즈니스이거나, 가족 동반 모임이거나 상관없이 가능한 예약을 하는 것이 좋다.

② 호텔 내의 레스토랑은 보통 최상급 서비스와 음식을 제공하는 레스토랑(fine dinning restaurant)을 추구한다. 가급적 정장을 갖추어 입는 것이 매너이다. 아침 뷔페(breakfast buffet)의 경우, 정장은 아니더라도 캐주얼한 복장을 갖추어 입도록 한다. 반바지에 실내화 차림으로 호텔의 식음료 업장을 이용하는 것은 큰 결례이다. 리조트나 휴양지의 호텔에서는 분위기상 자연스러울 수 있으나, 휴양지 이외의 특급호텔에선 절대 지양해야 할 옷차림이다. 겨울철의 경우, 두꺼운 외투와 짐은 레스토랑 입구에 위치한 클로악룸(cloak room)에 맡겨 놓는다.

③ 레스토랑에 입장하여 안내원의 지시에 따라 좌석에 착석한다. 착석할 때에는 연장자, 여성, 같은 연배의 손님 순으로 착석하는 것이 매너이다. 연장자가 먼저 착석한 후, 또는 여성이 먼저 착석한 후 동시에 앉는 것이 자연스럽다. 여성과 함께 동행하였을 때, 종사원이 가장 먼저 빼주는 의자가 여성의 자리임을 명심하자. 아무 생각없이 자신의 자리인 줄 알고 먼저 앉아버린다면, 자신의 매너없는 행동으로 인하여 종사원과 동행한 여성이 당황할 수도 있는 문제이다.

④ 식사를 주문하기 전에 먼저 간단한 음료를 주문한다. 음료를 마시면서 천천히 메뉴를 살펴보고 주문을 결정한다. 메뉴에 관해서 의문사항이나 모르는 것이 있다면 담당 서버에게 문의하는 것은 결례도 아니며, 창피한 일도 아니다.

⑤식사를 할 때에는 음식을 소리 내지 않고 품위 있게 먹는 것이 매너이다. 식사 중 아무 말 없이 먹는 것에만 열중하는 것은 어색하고 무거운 분위기를 연출하게 됨으로 타인에게 방해가 되지 않을 정도의 대화를 유지하는 것은 괜찮다. 무엇보다 중요한 것은 품위 있으면서 편안하게 식사를 즐기는 것이다. 서버의 도움이 필요할 땐, 오른손의 나이프를 접시 위에 가지런히 놓은 상태에서 가볍게 손을 들어주면 된다. 손에 나이프나 포크를 쥐고 있는 상태에서 서버를 부르지 않도록 주의한다. 고급 레스토랑일수록 서버들이 담당한 테이블에 세심한 관심을 기울이므로, 큰소리로 '어이' 또는 'hey'라고 부르는 일이 없도록 한다.

⑥서양식 정찬식사를 할 때에는 보통 와인을 마시게 된다. 일반적으로 생선요리에는 화이트 와인을, 육류요리에는 레드 와인을 마신다고 배웠으나 항상 그런 것은 아니다. 와인 소믈리에가 있는 레스토랑이라면, 주요리와 어울리는 와인을 추천받는 것이 좋으며, 자신의 취향이나 상대 손님의 취향에 따라 즐겁게 즐기는 것이 좋다. 와인을 마실 때 주의사항은, 와인글라스에 입술자국이 남아 잔이 지저분해지는 것을 방지할 수 있도록 음식을 먹고 난 후 냅킨을 이용해 가볍게 입술을 닦고 와인을 마시는 것이 매너이다. 또한 상대의 와인 잔이 3분의 1정도 남아 있을 때 와인을 따라주도록 한다. 와인을 상대가 따를 때에는 잔을 들지 않고 테이블에 놓아둔 채 받는 것이 매너이다.

⑦부득이하게 식사 중 자리를 비워야 하는 경우가 있다. 이때에는 무릎 위에 두었던 냅킨을 자신의 의자 위에 얹어 놓고 일어나는 것이 매너다. 나이프와 포크는 왼쪽과 오른쪽 대각선으로 교차해서 놓으면 된다. 이는 아직 식사가 끝나지 않았음을 의미한다.

⑧식사를 마친 후에는 담당서버가 식사가 끝났음을 알 수 있도록 포크와 나이프를 접시의 오른쪽에 나란히 포개어 놓는다. 팁은 식사비용의 10~15% 정도를 지급하는 것이 매너다.

⑨클로악 룸에 외투를 맡긴 경우, 외투를 찾고 난 후 1달러의 팁을 주는 것이 매너이다. 물론, 주차의뢰(valet parking)를 하였다면 주차의뢰인(valet parker)에게 1달러 정도의 팁을 주는 것이 매너다.

4. 비즈니스센터(Business center) 이용매너

휴양지 또는 리조트 개념의 호텔이 아닌 이상 도심의 호텔들은 사업목적 투숙객들이 일반적이다. 대부분의 호텔들이 비즈니스와 관련된 서비스를 제공하고 있다. 비즈니스센터의 대표적인 업무는 복사, 번역, 통역업무, 우편업무 대행, 컴퓨터와 사무용기기의 대여, 회의실 대여와 관리 등의 업무이다. 비즈니스와 관련된 서비스를 이용하고자 할 때에는 서비스 요원에게 필요로 하는 업무의 성격과 자신이 원하는 목적을 정확히 알리는 것이 중요하다. 의사소통의 문제로 인하여, 발생될 수 있는 작은 실수가 사업상 큰 불상사를 초래할 수도 있기 때문이다. 우편업무를 부탁할 때에도 반드시 정확한 주소를 기입하였는지 재확인이 필요하다. 미팅 룸(meeting room, conference room)이나 사무용 기기를 대여했을 때에는 깨끗하게 사용하여 다음 고객이 쾌적하게 사용할 수 있도록 하여야 한다.

5. 호텔 이용과 팁핑(tipping) 매너

서비스와 관련된 봉사의 대가로 지급하는 사례금을 팁(tip) 또는 gratuity라고 한다. 서양은 훌륭한 서비스엔 그에 따른 대가로 팁을 받는 것이 정당하게 받아들여진다. 우리나라의 경우, 호텔객실을 이용하였다면, 객실이용료와 더불어 10%의 봉사료, 그리고 10%의 세금이 부과된다. 이렇게 해서 호텔 이용객은 최종 지급명세서를 받게 되는 것이다. 즉, 고객이 지급하는 호텔 상품구매서에 봉사료가 포함되어 있기 때문에 팁을 지급하지 않아도 되는 것이다.

그러나 서양의 경우, 지급명세서에 봉사료가 포함되어 있지 않기 때문에 서비스 요원의 서비스가 만족할 만했다면 봉사료를 tip으로 지급하는 것이다. 서비스 종사원 역시 고객을 감동시키고, 자신의 서비스를 차별화하여 팁으로서 고객에게 인정받기를 원한다. 따라서 문화적으로 팁을 주는 것이 관례화된 국가에서는 종사원의 서비스에 큰 문제가 없었다면 기꺼이 팁을 지급하는 국제적 매너 마인드가 필요하다.

호텔의 이용과 관련해서, Door man, Bell man, Valet parker, Cloak Room clerk, Roommmaid의 서비스를 받았다면 각각의 제공된 서비스에 대하여 1달러의 팁을 지급하는 것이 매너이다. 프론트 데스크 클럭과 관련한 체크인/아웃 업무에 대하여는 팁을 지급하지 않아도 된다. 그러나 자신을 위해

객실투숙에 노력을 했다거나, 서비스가 탁월했다면 팁을 지급하는 것이 매너다.

레스토랑의 서버에게는 식사비용의 10~15%를 팁으로 지급하는 것이 매너이다. 소믈리에게서 와인을 추천받았다면 주문한 술값의 15%정도를 팁으로 지급하는 것이 매너이다.

6. 호텔 객실요금제도

① 공표요금(Tariff)
호텔에서 공식적으로 발표한 요금으로서 팜플렛(pamphlet)에 제시하여 공표한 요금을 tariff 또는 rack rate이라고 한다.

② 무료요금(Complimentary)
단체고객을 인솔하는 안내인(tour-guide), 또는 초대 손님에게 베푸는 무료요금이다.

③ 할인요금(Discount rate)
• 싱글 요금(Single Rate) : 예약된 싱글 룸이 모두 팔린 상태에서 고객이 싱글 룸을 원할 경우, 트윈 룸을 제공하고 요금은 싱글 룸 요금으로 할인하여 주는 것

- 비성수기 요금(Season-off Rate) : 관광 성수기(Peak season)가 아닐 때 호텔의 공표요금을 할인한 요금을 말한다.
- 상용요금(Commercial Rate) : 특정한 회사와 계약에 의해서 일정한 요금으로 할인하여 주는 요금
- 단체할인요금 : 단체로서 많은 인원일 경우 여행업자와 합의하여 단체요금을 할인하여 주는 제도

④ 추가요금(Over Charge)

- 미드나잇 차지(Midnight Charge) : 예약된 손님이 다음날 도착했을 경우 전날의 숙박요금을 부담하는 것
- 홀드 룸 차지(Hold Room Charge) : 투숙객이 짐을 그대로 두고 외출중일 때 계속해서 객실을 사용하는 것으로 간주, 요금을 부담하는 것

⑤ 취소요금(Cancellation Charge)

예약의 일방적인 취소에 의해서 상당액을 지급하는 제도

⑥ 분할요금(Part Day Rate)

객실의 시간제 사용에 의해서 공표요금의 일부를 할인한 요금. 주간의 대실료에 해당한다.

⑦ 객실료와 식대의 관계에 의한 요금제도

- 아메리칸 플랜(American Plan) : 객실료에 아침, 점심, 저녁식대를 포함해서 계산하는 것
- 유러피안 플랜(European Plan) : 객실료와 식대를 별도로 계산
- 콘티넨탈 플랜(Continental Plan) : 객실료에 아침식대만 포함됨
- 모디파이드 아메리칸 플랜(Modified American Plan) : 객실료와 아침 또는 저녁 식대를 포함시키는 요금제도
- 듀얼 플랜(Dual Plan) : 고객의 요청에 따라 식대를 합산 또는 별도로 계산하는 요금제도

 매너이야기

■ 호텔이용에 관한 Q & A

1. 호텔에서 체크인과 체크아웃은 어떻게 언제 하는 거죠?

호텔마다 소정의 체크인과 체크아웃시간이 있습니다. 가장 일반적으로는 check-in은 오후 3시, check-out은 오전 10시~11시입니다. 그러나 상당히 유연성을 가지고 있습니다. 좋은 호텔일수록 그렇습니다. 그러나 아무리 장기투숙이라도 오후 1시정도까지 방에 있으면 객실 정리를 위해 나가 줄 것을 요구합니다. 그러나 이 경우에도 정리하지 않아도 된다고 하면 그냥 계실 수 있습니다.

2. 호텔에서 오래 머무를 경우 객실에 비치되어 있는 일용품(치약칫솔 등)을 다 썼을 경우는 어떻게 해야 하죠?

관광호텔급 이상의 모든 호텔에서는 세탁서비스(laundry service)가 있습니다. 객실 서랍에 비치된 큰 비닐에 세탁물을 넣고 메이드에게 맡기시면 일정비용을 받고 세탁한 후 객실까지 배달을 해줍니다.

작은 손빨래는 객실에서 하세요. 세계적 기업인 일본 토시바그룹의 회장 도코 도시오씨도 그러셨답니다. 매일 메이드가 일용품을 새것으로 교체해 줘도 부족한 날이 있을 수 있죠. 그럴 경우, 당당하게 프론트에 전화하세요. 예컨대 비누 좀더 가져다 달라고. 상식선을 넘지 않는 범위 내에서 얼마든지 받을 권한이 있으십니다.

3. 식사는 어떻게 해야 하나요?

객실예약의 유형에 따라 조식이 포함되거나 혹은 조식/석식이 포함된 타입이 있습니다. 아침식사를 반드시 챙겨 드시는 분이라면 컨티넨탈 플랜을 하시는 것이 경제적인 경우가 많습니다. 또한 생각처럼 룸서비스가 비싸지 않습니다. 보통의 호텔 내 레스토랑의 가격과 동일한 수준입니다. 보통 룸서비스를 이용해 보지 않은 분들은 특별 charge가 붙는다고 오해하고 계신데, 그렇지 않습니다. 색다른 분위기를 위해 한 번쯤 룸서비스를 이용해 볼 것을 추천합니다.

4. 객실 내의 유료품 등을 사용하였을 경우 계산은 언제 어떻게 하나요?

　　모든 일정을 마치고 호텔을 떠나실 때 모아서 정산합니다. 고객에게 직접 여쭤보는 호텔도 있고, 자동정산하거나 객실에서 고객이 나가자마자 담당 메이드가 들어와서 살펴본 후 프론트로 전화 연락하는 곳도 있습니다. 간혹 상호간의 실수로 과소 혹은 과대 계상되는 일이 있으니 내역을 꼼꼼히 살펴보세요.

5. 팁은 언제 어떻게 주어야 하나요?

　　부담되시죠? 팁은 매일 아침 침대의 베게 옆에 미화 1달러나 그에 상응하는 현지화폐를 놓습니다. 가능하면 예의상 지폐를 놓는 것이 좋습니다. 1달러라도 15센트(quarter) 4개를 놓는 것은 매너가 아닙니다. 식사의 경우에는 호텔뿐만 아니라 식대의 10~15% 정도를 팁으로 테이블에 남겨 놓으시는 것이 일반적입니다. 혹시 여행지가 일본이라면 호텔이나 식당 어느 곳에서든 팁제도는 없습니다.

6. 호텔에서 지켜야 할 매너는 뭐가 있나요?

　　① 잠옷이나 가운차림으로 복도를 돌아다니지 않는다.
　　② 문 여닫을 때 조용히 한다.
　　③ 욕조에서는 욕조 커튼을 욕조 안쪽으로 한 채 샤워를 한다.

7. 호텔 투숙과 관련한 주의사항은 뭐가 있나요?

　　객실의 현관문은 한 번 닫히면 꼭 열쇠로 열어야 하는 곳이 대부분입니다. 그러니 객실 열쇠를 항상 주머니에 가지고 다니세요. 장기 투숙을 하다보면 한두 번은 실수하는 경우가 있습니다. 번거롭더라도 프론트까지 가서서 투숙객이라는 것을 확인받고 객실 키를 발급받을 수 있습니다.

■ 호텔! 이것만은 알아두자!

1. 서로 다른 1층과 2층의 표시법

　　호텔 용어 중에서 우리와 다른 것이 있다면 1층과 2층의 구분입니다. 미국이나 일본, 우리나라에서는 1층을 로비(Lobby)라고 부르고, 2층부터 층수를 세어가지만 유럽은 좀 다릅니다. 우리가 말하는 2층을 1층이라 부르고, 우리의 생각에 1층인 곳을 G(Ground) 또는 E(Earth)로 표기합니다. 물론, 유럽의 영향을 받은 중동지역이나 홍콩의 경우도 같다고 생각하시면 됩니다.

2. 실내와 실외의 구분

먼저, 호텔복도는 집 바깥과 같다고 생각하세요. 바로 옆방에 친구가 있다고 파자마 바람으로 복도에 나가는 것은 좋지 않습니다. 호텔복도는 집 바깥과 마찬가지이므로 꼭 옷을 입고 나가도록 합니다. 부득이한 경우 겉에 가운이라도 걸치고 나가는 게 좋습니다.

아침부터 저녁까지 집안에서도 구두를 신고 있는 서구인들에게 슬리퍼는 잠잘 때만 사용하는 신발로 되어 있습니다. 따라서 집 바깥에선 슬리퍼를 절대로 신지 않습니다. 호텔 객실 안에 있는 슬리퍼도 마찬가지입니다. 객실 안에서 구두를 벗고 편히 쉴 때 신는 것이지, 식당이나 로비까지 신고 나오는 것은 나쁜 매너에 속합니다.

3. 익숙하지 않은 수도꼭지는 천천히 다뤄보자

욕조 내에 붙어 있는 수도꼭지는 대개 찬물과 더운물로 구분되어 양쪽을 잘 조절하면서 물의 온도를 맞춰야 한다. 그런데 이 수도꼭지의 형태가 각양각색이어서 익숙하지 않은 경우에는 당황할 때가 많습니다. 이럴 때에는 천천히 눌러보거나 당겨보고 돌려보면서 사용법을 익히는 것이 좋습니다. 이때 유의할 점은 미국과 유럽에서 표기하는 찬물과 뜨거운 물의 표시법이다. 미국에서는 찬물을 C(Cold), 뜨거운 물을 H(Hot)로 표시하지만, 프랑스에서는 뜨거운 물을 C(Chaud), 찬물을 F(Froid)로 표시한다. 따라서 찬물을 쓰려다 잘못해 뜨거운 물이 쏟아지지 않도록 조심해야 합니다.

4. 호텔 서비스는 최대한으로 활용하자

여행을 많이 다닌 사람일수록 비행기 안이나 호텔에서의 서비스를 최대한으로 활용할 줄 알게 됩니다. 쾌적하고 편리한 여행을 위해 호텔에서 고객에게 제공하는 서비스에는 다음과 같은 것이 있습니다.

- 인포메이션 서비스 : 편지라든가 메시지의 응대 및 레스토랑의 예약 등을 해줍니다.
- 모닝콜 서비스 : 객실 내에 있는 전화로 교환원에게 아침에 깨워줄 것을 부탁해 둡니다.
- 세이프티 박스 서비스 : 귀중품들은 프런트의 세이프티 박스에 맡겨두는 것이 안전합니다.
- 극장이나 관광버스의 예약 : 프런트에서는 극장이나 영화의 티켓 준비라든가 관광투어의 예약을 해주고 상담에도 응해줍니다.

세이프티 박스 서비스, 인포메이션 서비스, 모닝콜 서비스는 거의 무료서비스입니다만, 다른 모두는 유료서비스임을 기억하시기 바랍니다. 서비스에 대한 요금을 청구한다는 거죠. 요즈음 대부분의 호텔에서는 서비스차원에서 세이프티 박스를 방안 붙박이장 안에 넣어두는 경우가 있으므로 적극 활용하시기 바랍니다. 뜨거운 물이나 얼음 서비스 등은 팁 없이 무료로 해주는 서비스입니다만, 약간의 팁을 준비하는 것이 예의입니다.

5. 샤워는 반드시 욕조 안에서

외국의 호텔은 목욕물이 빠지는 하수구가 욕조 안에 한개밖에 없습니다. 따라서 욕조 밖에서 샤워를 했다가는 난처한 상황에 처하게 됩니다. 물이 빠지지 않고 객실 카펫에 스며들고 아래층까지 피해를 주게 되는데, 이 경우 고액의 손해 배상을 해야 합니다. 샤워커튼을 욕조 안쪽으로 위치하게 하여 물이 바깥으로 튀지 않게 조심스럽게 샤워하는 것이 좋습니다. 미리 대형타월을 바닥에 깔아두는 것도 현명한 방법입니다.

6. 잘못하면 베란다에서 하룻밤을

호텔에 따라서는 창문과 같은 유리문도 자동으로 잠기는 곳이 있습니다. 객실에 들어와서 바깥 경치가 좋다고 베란다에 나갈 때는 반드시 유리문을 열어둔 채 나가야 합니다. 문을 닫고 나가면 안에서 자동적으로 잠겨 아무리 밖에서 외쳐도 들리지 않기 때문입니다. 본의 아니게 첫날부터 베란다에서 잠을 자지 않도록 주의합시다.

7. 객실 내 용품

샤워를 위한 비누나 샴푸, 린스, 샤워캡 등과 실내용 슬리퍼, 호텔로고가 찍혀 있는 편지봉투, 편지지 등은 소모품이기 때문에 하나쯤은 기념으로 가지고 오셔도 상관없지만, 수건이나 옷걸이, 심지어는 목욕가운에도 욕심내시는 분들이 있습니다. 절대 금물!

mini-bar나 냉장고의 음료수를 이용할 경우에도 시중보다 비싼 금액을 요구하므로 가격을 미리 확인하는 것이 좋습니다. 그리고 보통 TV 시청은 유료채널과 무료채널로 나뉘어 있습니다. 유료채널은 성인방송과 영화관에서 상영하는 영화들로 구성되어 있는데, 호기심으로 시청한 유료영화 채널이 체크아웃할 때 고가의 사용료로 인하여 놀라지 않을 수 없을 것입니다. 그쪽에 관심을 가지지 않는 것이 속 편합니다. 아웃시 계산합니다.

■ 기본적인 호텔 매너

- 객실은 벨맨의 안내를 받고 1불 정도의 팁을 줍니다.
- 호텔 포터(porter)가 가방을 가지고 오면 개당 1불의 팁을 줍니다.
- 객실 내의 미니바를 사용하였을 때는 비치된 계산서를 표시하고 체크아웃시 계산합니다.

성공하는 리더의
글로벌 매너

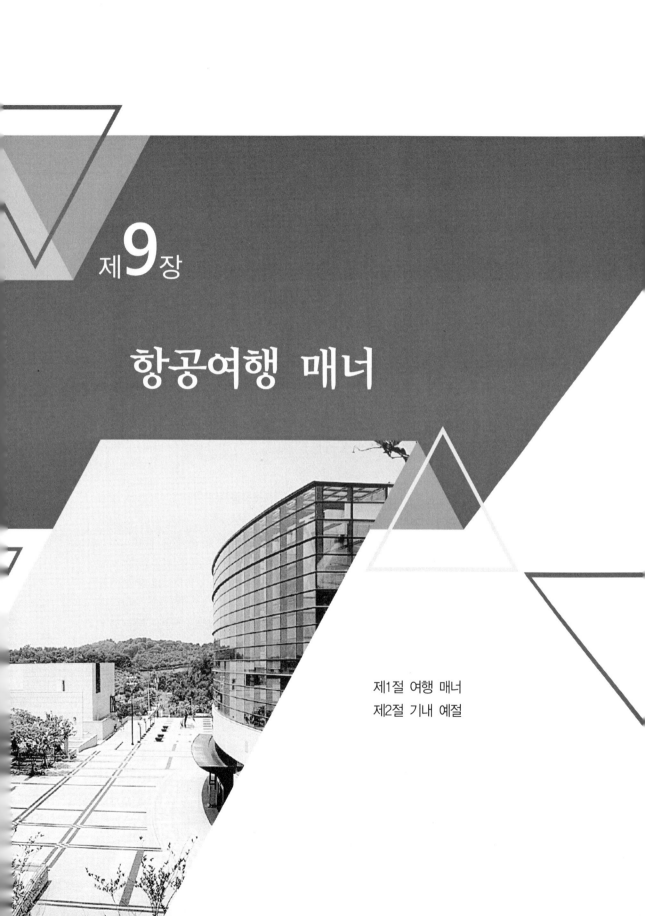

제**9**장

항공여행 매너

제**9**장

항공여행 매너

해가 거듭할수록 해외여행객과 사업목적 여행객의 증가로 많은 사람들이 항공기를 이용할 기회가 증대되었다. 기내 서비스는 특급호텔 서비스와 마찬가지로 최상의 서비스를 제공하며, 승객의 편안하고 안락한 여행을 돕고자 많은 승무원들이 노력과 정성을 기울인다.

보다 질 높은 서비스를 제공하고, 편안한 여행을 하기 위해서는 한 사람의 노력으로만 되는 것이 아니며, 서비스를 제공받는 사람이 가치 있는 서비스를 제공받을 준비가 되어 있어야 가능한 것이다.

본 장에서는 항공여행과 관련한 매너들에 관해서 살펴보도록 한다.

1. 여행준비

여행을 계획하는 단계에 있어서는 여러 가지를 고려해야 한다. 지역은 어디로 정할 것인지, 경비는 어느 정도로 할 것인지, 그리고 여행사의 패키지 투어(packaged tour)를 이용할 것인지, 독립여행을 할 것인지를 고려해야 한다. 무엇보다 여행의 준비단계에서 가장 중요한 것은 지역의 결정이다. 어느 지역을 여행목적지로 할 것이며, 무엇을 볼 것인지에 관한 정보를 탐색하는 것이 중요하다. 정보를 수집할 때에는 여행할 지역에 대한 역사, 문화, 언어, 교통문제, 물가, 종교 그리고 기후 등 여행과 관련한 충분한 사전지식을 쌓아야 한다.

여행과 관련한 준비물은 짐을 꾸리는 것과 관계가 깊다. 너무 많은 짐은 현지에서 이동할 때 많은 장애를 초래하게 된다. 가급적 간편하고 활동하기 편한 여분의 옷과 지도, 비상상비약, 그리고 가장 중요한 여권과 비자 등이다. 크루즈(cruise tour)와 같은 경우에는 선상에서 파티가 열릴 때를 대비하여 반드시 정장과 구두를 준비하는 것이 좋다. 보통 이러한 경우에는 Dress Code라 하여, 그날 갖추어 입어야 할 옷차림에 대해서 공지를 해준다. 또한, 유서가 깊은 성당이나 사원을 방문할 계획이라면 반드시 격식에 맞는 옷을 준비하는 것이 매너이다.

최근 들어, 테러 위험의 급증과 여행 시의 안전사고에 대비하여 많은 수의 해외 여행객들이 한국을 떠나기 전에 단기 해외여행자보험에 가입하는 사례가 증가하고 있다. 여행자보험의 장점은 저렴한 비용으로 만일의 사태에 대비할 수 있다는 점이다. 가급적 여행자보험에 가입하여 여행하는 것을 권하고 싶다.

[여행 준비물]

① 여권과 비자

② 간편한 옷과 정장(필요할 경우)

③ 비상상비약과 비상시 연락처를 기입한 수첩

④ 여행자보험 등록증

⑤ 캠코더

⑥ 잠금장치

⑦ 현지 지도와 국제 학생증

2. 출입국절차에 대한 이해

(1) 공항수속

해외여행의 경우 탑승시간 2시간에서 2시간 30분전에 공항에 도착하도록 하자. 2001년 9·11테러 이후 강화된 보안검사(Security Check)로 인하여 탑승수속이 지체될 수도 있다. 이 점을 충분히 감안하여 공항에 시간적 여유를 두고 도착한다. 공항이용원 등은 미리 구입해 놓는다. 단체여행의 경우 여행경비에 공항이용료가 포함되는 경우가 많으니 사전에 알아두는 것이 필요하다.

(2) 항공사의 Check-in

항공사의 Check-in은 보통 두 가지의 경우로 나누어 볼 수 있다. 도심에 있는 도심공항터미널을 이용할 경우, 셔틀버스 탑승 전에 Check-in을 할 수 있다. Check-in을 한다는 것은 탑승을 할 수 있는 탑승권을 발권받는 것과 동시에 수화물을 항공기로 옮겨 싣는 것을 의미한다.

직접 출발지의 공항에서 Check-in을 하는 경우 해당 항공사의 Check-in카운터에서 수속을 밟도록 한다. 목적지로 출발하는 항공기의 Check-in 시간을 알아두었다가 수속카운터가 open을 하면 차례로 줄을 서서 수속을 밟을 수 있도록 한다.

Check-in시 필요한 물품과 절차를 알아보면 다음과 같다.

① 여권과 비자(Visa)

② 항공권-Boarding Pass

③ 위탁 수화물(Checked Baggage)

승객 1인당 허용 가능한 수화물은 항공사마다 차이가 있으나, 대부분의 경우 35kg 미만, 1인당 2개까지 가능하다. 수화물을 위탁할 때에는 반드시 분실에 대비하여 수화물표를 붙이도록 한다. 수화물표는 Claim tag이라 하며 체류할 곳의 주소, 전화번호, 이름 등을 기입하게 되어 있다. 반드시 각각의 수화물에 claim tag을 붙일 수 있도록 하자.

(3) 보안검사(security check)

보안 검사는 항공기 안전 운항과 승객의 안전 여행이 목적이며, 기내반입 금지 물품은 항공사별 국가별로 다르나 대부분의 경우 칼, 송곳, 가위, 라이터, 건전지 등의 물품은 기내로의 반입이 금지되고 있다. 기내반입 또는 위탁수화물 안에 의심스러운 물건이 있을 경우에는 수화물의 내용물을 모두 꺼내어 확인하는 복잡한 절차를 밟아야 하므로 가급적 항공사의 규정이나 여행목적국가의 보안법에 위반되는 물건은 기내에 반입하여서는 안 된다.

테러 위험의 수위가 높을 때에는, 공항에서도 보안검사의 강도가 높아진다. 신발을 벗거나, 허리띠를 풀어야 하는 귀찮은 절차를 수행하기도 한다. 그러나 이는 여행객 본인들의 안전을 위한 것이니, 적극적인 자세로 보안 검사에 임하는 것이 바람직하다.

3. 세관, 출입국, 검역심사 절차

국제공항은 한 국가로 들어가는 출입관문이다. 공항을 통해 국가의 존폐를 위협하는 테러분자들이 입국을 할 수 있으며, 자국민의 위생건강을 저해할 수 있는 각종 병원균이 유입될 수도 있다. 또한, 막대한 불법자금이 유입된다면, 한 국가의 경제에 부정적 영향을 미칠 수도 있다.

이러한 문제들을 사전에 차단하여, 국가와 국민을 보호함과 동시에 국제 법질서를 유지할 수 있는 1차적 여과장치가 공항의 CIQ이다.

(1) CIQ의 개념

세관(Customs), 출입국(Immigration), 검역(Quarantine)의 약자로서 세관, 출입국심사, 검역을 뜻한다. 국제공항을 출입하기 위해서는 반드시 CIQ지역을 통과하여 공항에서 행하는 제반 수속절차를 밟아야 한다.

(2) Custom - 세관절차

국제공항을 통해 해외여행을 떠날 경우, 휴대하는 고가품은 반드시 신고하는 것이 좋다. 이는 입국 시 발생될 수 있는 고가품목 불법반입 오해의 소지를 사전에 예방하며 재입국시 세금 부과 없이 재반입할 수 있기 때문이다. 반드시 "휴대물품 반출확인서"를 받아두자.

대한민국에 입국하는 모든 여행객은 구매물품 금액 중 400달러는 면세를 받을 수 있으나, 그 이상의 구입물품에 관해서는 자진 신고하게 되어 있다. 자진 신고 없이 반입되는 물품이 적발되었을 때에는 대한민국 관세법에 의해 과세대상으로 지정되어 세금을 지급해야 한다.

가급적 해외에서의 고가품 구입은 자제하며, 부득이하게 물품을 구입하였을 경우에는 반드시 입국 시 세관에 신고를 하도록 한다. 간혹 입국 시 세관원과 입국객 사이에 언쟁을 하는 모습은 외국인으로 하여금 좋지 않은 한국의 첫인상을 심어줄 수 있다.

또한, 동남아시아를 여행하고 입국하는 여행객들 중에는 대한민국에 반입할 수 없는 약재, 토산품, 동식물을 불법으로 숨겨오는 사례가 급증하고 있다고 한다. 무엇보다 외래종의 식물이나 동물들은 국내의 생태환경에 치명적인 영향을 미칠 수 있으므로 반드시 검역과정을 거쳐야 한다.

정직하고 정당한 법질서의 유지는 예외 없이 지켜져야 할 것이다. 대한민국의 깨끗하고 정의로운 이미지는 입국장에서부터 시작한다는 것을 잊지 말도록 하자.

또한, 최근 들어 해외 밀수조직이 한국을 경유지로 하여 각종 마약류와 밀수품을 유통시키는 사례가 증가하고 있다. 기내에서 모르는 사람의 부탁을 받고, 정체불명의 물건을 운반해 줄 것을 요청받는다면 반드시 거절하고, 세관 당국이나 승무원에게 신고를 하도록 한다. 외국인을 위한 선의의 호의가 자칫 잘못하면 범죄에 연루되어 돌이킬 수 없는 사태를 만들 수도 있으니 경계해야 할 것이다.

최근, 한국의 배낭여행자가 기내에 동승한 외국인의 부탁으로 물건을 전달하려다 적발되어 타국에서 마약밀매자라는 범법자로 전락하여 법적 처벌을 받는 사건도 발생하였다. 절대로 모르는 사람의 부탁으로 알 수 없는 물건을 전달하지 않도록 한다.

(3) Immigration - 출입국 심사

인천공항 출입국사무소에 의하면 출입국 사무소의 의의는 출국하려는 국민에 대하여 여권 등의 유효여부를 확인하고 국민의 무사한 여행을 지원하는 한편, 위·변조여권 소지자 등 불법출국 기도자와 출국금지자의 출국을 저지하는 데 있다고 한다.

출국심사는 출국심사구역 내에서 마지막 과정으로서 여행자들이 출입국심사관에게 여권, 탑승권, 출입국신고서(ED card) 등을 제출하여야 한다. 반면, 입국심사는 내국인용 사열대와 외국인용 사열대로 구분되어 있다. 검역절차를 마친 승객은 입국사열대에 가서 여권과 입국신고서를 제출하면 입국신고서를 수거해가고, 여권 상에 입국심사필 스템프를 날인해 준다.

그림 8-1 세관통관 절차

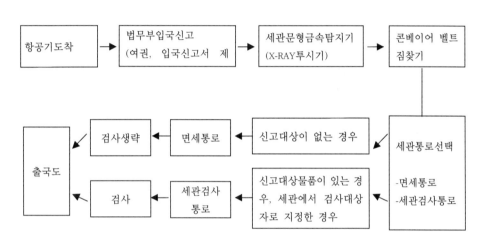

출입국 심사를 위해 기다리다 보면, 좋지 않은 모습을 보게 될 때가 있다. 그 짧은 순간을 참지 못해 끼어들기를 한다거나, 짧은 줄 또는 빨리 출입국이 진행되는 사열대로 옮겨 다니는 행위는 좋지 않은 행위다. 차분하고 조용히 자신의 순서를 지키는 것이 좋으며, 노약자나 어린이를 동반한 여행자에게는 차례를 양보하는 모습도 매너 있는 한국의 첫인상이자 매너 있는 한국인으로서의 강한 인상을 심어 줄 수 있을 것이다.

(4) Quarantine-검역

검역의 목적은 첫째, 자국민의 건강보호와 질병확산의 예방과 외래 병해충의 자국유입 예방에 있다. 검역절차는 동남아시아, 아프리카, 남아메리카 등으로부터 입국하는 승객에게 기내에서 검역설문표를 배부, 작성하게 하여 입국 시 제출하도록 하고 있다. 전 세계적으로 조류독감이 발병하게 되면, 보다 심화된 검역절차가 이루어진다.

검역을 의뢰받았을 때에는 본인의 건강을 위하여 적극적으로 임하도록 한다. 기내에서 고열이 발생하였거나, 몸에 이상이 있을 때에는 본인과 다수의 건강을 위해 자진하여 검역관에게 몸의 이상 유무를 알리도록 하는 것이 좋다.

항공기를 통한 바이러스 확산 예방 등 검역업무 영역은 다음과 같다.

① 입·출항 항공기 검역
② 항공기의 위생검사
③ 구충·구서 및 훈증소독
④ 예방접종
⑤ 세균검사
⑥ 검역구역의 방역
⑦ 검역정보 및 검역통계

(5) security check - 보안검사

항공기 안전운항과 승객의 안전여행이 목적이며, 기내반입 금지물품은 항공사별·국가별로 다르나, 대부분의 경우 칼, 송곳, 가위, 라이터, 건전지 등의 물품은 반입이 금지되고 있다.

제2절 기내 예절

1. 착석과 좌석벨트 착용

이륙과 착륙 시에는 반드시 승무원의 지시에 따라 안전벨트를 착용한다. 또한 기류의 이상이나 기장의 지시에 따라 안전벨트 지시등이 점등되면 반드시 안전벨트를 착용하고 화장실 출입을 삼간다.

2. 기내에서의 에티켓

① 국제 에티켓상 기내에서의 간편한 옷차림이나, 준비해둔 슬리퍼를 신는 것은 예의에 어긋나는 행동이 아니다. 그러나 사람들의 눈에 거슬리는 옷차림이나 내의 차림이 된다거나 양말을 벗는 행위는 절대로 해서는 안되는 행동이다. 장시간의 항공여행의 경우에는 발이 부어오르기 쉬우므로, 발을 편히 할 수 있도록 신발을 벗는 것은 괜찮지만, 양말 차림의 발이 타인에게 보이도록 다리를 꼬는 행위는 실례가 된다.

기내에서 지급받은 담요와 헤드폰은 타인에게 방해되지 않도록 자신의 좌석범위에서 사용하고, 화장실 등을 사용할 경우에는 가지런히 정리해 두는 것이 매너다. 목적지에 도착한 후 지급받은 담요와 헤드폰은 승무원에게 반환한다.

② 장시간의 항공여행 중에는 승무원의 도움을 필요로 하는 경우가 있다. 승무원을 부른다고 기내에서 큰소리로 호출을 한다거나, 손을 흔들거나, 손가락을 사용하는 행위는 예의에 어긋난다. 보통 좌석의 팔걸이 쪽에 있는 승무원 호출버튼을 사용하거나, 승무원이 좌석 옆을 지날 때 가볍게 손짓하고 눈이 마주칠 때 도움을 요청하도록 하는 것이 좋다. 절대로 '어이' 또는 'hey' 하며 부르지 않는다. 기내에서 옷을 갈아입어야 할 때에는 가급적 화장실을 이용하는 것이 좋으며, 창가나 가운데에 착석했을 경우 빈번히 좌

석을 떠나는 깃은 옆 사람에게 실례가 될 수 있으니, 쉽게 지루함을 느끼거나 활동적인 성격이라면 복도 쪽의 좌석을 배정받는 것이 좋다. 화장실에 가는 경우에는 옆 좌석의 사람에게 반드시 "실례합니다!" 또는 "excuse me"라고 말하고 일어난다.

③신문이나 잡지 등을 볼 때에는 옆 사람에게 피해가 가지 않도록 반을 접어서 보는 것이 좋다. 다 읽고 난 잡지와 신문은 주변이 지저분하지 않도록 잘 정리하여 좌석 앞의 주머니에 보관하거나 승무원에게 건네주도록 한다.

④항공기를 이용하여 해외여행을 하는 경우, 수화물의 관리에 문제가 발생하기도 한다. 물론 파손이나 분실의 문제도 있겠지만 과도한 수화물로 인하여 타인에게 불편을 줄 수 있기 때문이다. 가급적 기내에 반입하는 수화물(carry on baggage)은 항공사의 규정에 따라 가로×세로×높이의 합이 115cm 이내여야 하며, 조그마한 배낭의 경우에는 본인의 좌석 밑에 보관하는 것이 좋다. 본인 좌석위의 간이 수화물보관함에 자신의 화물로만 가득 차 타인이 수화물을 보관하는 데 지장을 반아서는 안 된다. 이민가방과 같이 규격 이상의 화물은 반드시 탑승 전에 대형 수화물 칸에 싣도록 한다.

⑤기내에서는 가급적 정숙을 유지한다. 단체 해외여행과 각 학교의 해외 수학여행 증가로 항공기 탑승의 기회가 많아졌다. 항공기 안에는 세계 각국의 사람들이 타고 있다는 것을 잊지 말자. 여행의 기대에 부푼 사람도 있으며, 건강이 좋지 않은 사람, 가족과의 이별로 슬픈 사람 등 자신과 동행자만의 기분에 들떠 타인에게 좋지 않은 영향을 주지 않도록 하자.

⑥술을 많이 마셔 주위에 냄새를 풍기지 않는다. 기압차이로 인하여 과도한 음주는 지상에서보다 치명적일 수 있다. 환경변화로 신체의 변화가 지상에서와 다르다는 점에 유의하자. 조금의 음주에도 두통이 발생할 수 있다. 자신의 건강에 문제가 발생하면 즉시 승무원에게 알리도록 한다.

⑦기내에서의 색다른 즐거움은 쇼핑일지도 모른다. 기내에서 판매하는 면세품에 관해서는 미리 준비된 상품책자를 살펴보고 차례를 지켜 구매하도록 하자. 기내 면세품 판매의 목적은 선물을 구입하지 못한 승객들에게 면세품을 구매할 수 있는 기회를 제공하는 데 있다. 인기 있는 품목의 경우에는 미리 충분한 상품을 준비하지 못해 조기에 품절되는 경우도 발생한다.

뒷좌석에 앉아 있는 승객들은 이를 우려하여 먼저 구입하려 자리에서 일어 난다거나 기내가 어수선해지는 경우를 종종 보게 되는데, 이는 타인을 배 려하지 않은 행위로서 눈살을 찌푸리게 만든다. 반드시 좌석에 앉아 자신 의 차례를 기다리도록 하며, 개인당 구매할 수 있는 한도에서 구매를 하도 록 한다. 관세청의 면세규정에 따르면 담배, 술, 향수 등은 국내반입수량 제한품목이다. 이들 품목의 여행자 1인당 면세범위는 담배 1보루(궐련 200 개비, 엽궐련 50개비, 기타 담배 250g), 주류 1병(용량 1리터 이하로서 미화 400달러 이하), 향수 2온스 등으로 한도가 넘는 것은 압류되거나 세금을 내 고 통관해야 한다. 이 품목을 제외하고는 국내면세점에서 구입한 뒤 재반 입하는 물품과 해외에서 사거나 선물로 받은 물건은 가격을 모두 합쳐 미 화 400달러까지는 세금을 내지 않아도 된다.

3. 금연

국제항공여행규약에 따라 전세계 모든 항공사의 기내에서는 흡연이 법으로 금지 되었다. 기내에서의 흡연으로 도착지에 착륙하자마자 법적 처벌을 받는 사례가 간간히 발생하고 있으나, 이는 국가적 망신이니 절대 기내에서의 흡연은 하지 않 는다.

4. 기내음식(시차가 발생하므로 식사량을 적절히 조절, 과음은 피함)

항공여행의 가장 큰 즐거움은 기내에서 근사한 식사를 하는 것일지도 모른다. 최고의 만찬은 아닐지라도 기내식이 주는 즐거움은 항공여행에 있어서 큰 비중을 차지할 것이다. 식사서비스가 개시되면, 승무원의 지시에 따라 좌석의 등받이를 반 듯이 일으켜 세우고 좌석 앞에 부착되어 있는 간이 테이블을 전개하고 기다린다. 보통의 경우 식사 전 손을 닦을 수 있는 뜨거운 타월이 서브된다. 타월을 이용해 손 이외의 신체 부위는 닦지 않도록 한다. 사용한 타월은 승무원이 수거해 갈 수 있도록 반듯하게 정리해 두는 것이 좋다. 주요리는 고기류와 생선류 중에서 선택하는 것이 일반적이며, 식사를 전달받으면 '감사합니다' 또는 'thanks'라고 감사표시를 하는 것이 매너이다. 음료는 와인, 과일 주스, 소다음료, 맥주 등을 선택할 수 있으며, 과도한 주류 섭취는 삼가도록 하자.

이코노미(Economy)석의 경우에는 좌석이 협소하여 식사 시 다소 불편할 수 있다. 불편하다 하여 옆 좌석 승객의 식사에 방해가 되지 않도록 유의하자. 높은 고도를 운행하는 항공기내에서의 식사는 급변한 환경변화로 인하여 소화기 계통에 이상이 생길 수 있으니, 자신의 몸 상태에 따라 식사를 조절하는 것이 좋다. 또한 특정한 음식물에 알레르기 반응이 있거나 채식주의자의 경우, 탑승수속을 할 때 지상승무원에게 미리 언급해 두어 자신의 식사를 따로 배급받도록 하는 것이 좋다.

식사를 마치면 테이블을 원위치로 올려놓는 것이 좋으며, 식사 후 어지럽혀진 포장재가 남아 있다면, 승무원이 거두어 갈 수 있도록 잠시 동안 테이블 위에 올려두는 것이 좋다. 절대로 기내 바닥이나 좌석 밑에 버리지 않도록 한다.

일반적으로 장시간의 항공여행에서는 기본적인 음료서비스와 식사서비스가 제공된다. 최근 소규모 저가항공사의 등장으로 음료와 식사서비스가 항공기 이용료에 포함되지 않고 직접 기내에서 구매해야 하는 경우도 있지만, 아직까지 국내항공사에는 해당되지 않는 사항이다.

5. 비행기 내에서 화장실 이용

화장실 이용은 장시간의 국제선일 경우, 첫 번째 식사 직후 많은 사람이 출입을 한다. 가급적 혼잡한 시간을 피하는 것이 좋으며, 다음 사용자를 위하여 장시간의 사용은 삼간다. 또한 청결한 사용도 중요하다. 항공기내의 화장실은 남녀공용이므로 화장실에 들어가면 반드시 안에서 걸어 잠가야 한다. 그래야 밖에 '사용 중

(Occupied)'이라는 표시가 나타난다. 잠그지 않을 경우 '비어있음(Vacant)' 이라는 표시가 되어 다른 승객이 문을 열게 된다. 세면대를 사용한 후에는 반드시 세척(Toilet Flush)이라 표시된 버튼을 누르고, 그래도 더러울 때에는 화장지로 닦아준다.

세면대는 될 수 있는 대로 짧게 사용하고, 사용 후에는 타월로 물기를 닦아 깨끗하게 해주는 것이 매너이다. 사용한 타월은 반드시 '쓰레기함(Towel Disposal)'에 넣어야 한다. 또한 세면대에 비치된 스킨토닉(Skin Tonic)이나 애프터 세이브(After Shave) 는 사용 후 가지런히 정돈한다. 안전벨트 착용 사인이 켜져 있는 동안에는 화장실 사용이 원칙적으로 금지되어 있다. 화장실에 있는 동안 벨트착용 사인이 켜지면 될수록 빨리 나와 제자리로 돌아가서 신속히 좌석벨트를 매야 한다.

6. 기내에서의 안전

항공기는 첨단 과학기술의 총체라고 하여도 과언이 아닐 것이다. 항공기의 안전 운항을 위하여 반드시 지켜야 할 사항들이 있다. 항공기가 이·착륙 할 때에는 휴대용 전자제품의 전원을 반드시 꺼두어야 한다. 휴대용 전자제품의 전자파가 항공기의 전자기기에 영향을 미쳐 대형 사고를 유발할 수 있기 때문이다. 또한 기내에서는 가급적 뛰거나 자리를 옮기지 않는 것이 항공기의 안전 운항에 도움이 된다. 기내에서 문제가 발생했을 경우에는 승무원의 지시에 따른다.

①산소마스크 착용 : 비상사태 발생 시 당황하지 말고, 승무원의 지시에 따르는 것이 가장 중요하다.

②구명조끼 착용법을 미리 숙지해 놓는다. 모든 항공사는 항공기가 출발하기 전에

항공관련 안전에 관한 비디오를 시청하게 되어 있다. 비상구의 위치와 비상사태 발생 시 행동요령, 산소마스크의 착용 요령과 구명조끼의 위치와 착용 요령 등 꼼꼼히 미리 숙지해 놓는 것이 중요하다.

7. 기내에서의 대화

기내 안에서 승무원을 불러야 할 경우, 호출버튼을 누르거나 승무원이 주위를 지나갈 때 가벼운 미소와 함께 손짓으로 부른다.

8. 기내에서의 건강유지

높은 고도를 운항하는 항공기 내부는 온도 변화가 심할 수 있다. 또한 기압차이로 인하여 쉽게 피로감을 느끼게 된다. 추위가 심할 때에는 승무원에게 따뜻한 물이나 차를 부탁하고, 기압차로 인한 귀 통증은 껌을 씹거나 하품을 자주 해주면 도움이 된다. 최근에는 이코노미 클래스 증후군(Economy-class syndrome)이라 하여, 장시간의 항공여행에서 오는 신체적 질병을 예방하기 위한 체조시간(stretching-time)을 별도로 운행하고 있다.

■ **설레이는 마음으로 비행기에 탑승한 신랑신부들이 알아야할 기내 에티켓**

1. 큰 짐은 미리 부친다. 기내 수하물은 가로, 세로, 높이 합이 115cm이내로 한정하는 게 원칙이다. 그러므로 보통 선반에 올릴 수 있는 가방(여권과 항공권, 귀중품, 신부화장용품 정도) 한개 정도만 드는 게 좋다.

2. 승무원을 부를 때에는 호출버튼을 누른다. 좌석 옆에 부착된 호출버튼을 누르거나 가까운 거리에 있으면 손을 가볍게 들어 승무원의 주의를 끌면 된다.

3. 기내 지정 흡연석 외의 흡연, 특히 화장실에서의 흡연은 절대금물.

4. 양말은 벗지 말고 장거리 비행 시 양말이나 실내화를 준비해간다. 보통 퍼스트 및 비즈니스클래스는 기내 실내화가 준비돼 있으나 이코노미클래스는 없는 경우가 많다.

5. 식사할 때와 이착륙 시에는 등받이를 바로 세운다. 식사 시 기내에서 제공하는 고추장이나 김치 외에 준비해간 다른 반찬을 꺼내먹는 것은 피하자. 승무원이 기내식을 서브할 때에는 가급적 이동을 삼가한다.

6. 기내에서 서비스되는 술은 조금만 마셔도 취한다. 고공비행을 하므로 지상보다 기압이 낮아 훨씬 쉽게 취한다. 신혼부부들은 와인이나 샴페인으로 분위기만 내는 것이 좋다.

7. 화장실 이용 시 적색불(occupied)이 들어와 있으면 노크할 필요가 없다. 화장실 앞의 녹색(vacant) 또는 적색등이 켜 있는 것으로 안에 사람이 있는지를 체크한 후 이용한다.

8. 빈 좌석이 있어도 승무원의 양해를 받지 않고 함부로 이동해서는 안 된다. 특히 우리나라 사람들은 항공기가 완전히 멈추지 않았는데 안전벨트를 풀고 일어서는 경우가 많은데, 기내방송에 따라 차례를 지켜나가야 안전사고가 발생하지 않는다.

성공하는 리더의
글로벌 매너

제 **10** 장

이미지메이킹과 매너

제 10 장

이미지메이킹과 매너

Image란 사물이나 사람 또는 어떤 대상으로부터 얻어지는 특정한 감정이나 느낌 또는 상(象)이라고 할 수 있다. 현대의 경영활동에 있어서 제품의 이미지나, 기업의 이미지는 고객들로 하여금 기업이 의도하는 대로 좋은 이미지가 각인(刻印)될 수 있도록 많은 노력을 하고 있다. 기업의 호의적(好意的) 이미지는 치열한 경쟁관계 속에서 비교우위를 선점하고 지속적인 이익을 창출하는 마케팅 도구로서 활용되고 있다.

인간관계에 있어서도 마찬가지로, 좋은 이미지를 가지고 있는 사람은 타인에게 호감을 줌으로써 성공적인 인간관계를 형성할 수 있다는 것은 누구나 알고 있는 사실이다.

타인에게 좋은 이미지를 주기 위해서는 자신의 성격과 인품을 바탕으로 자신만의 독특한 개성을 만드는 것이 중요하다. 결국 좋은 이미지를 만들기 위해서는 특정상황에 대처하기 위한 가식적 포장이 아니라, 지속적인 자기개발과 품격있는 인격을 형성하려는 생활자세가 중요하다.

제1절   언어를 통한 이미지메이킹

사람들과 대화를 하다보면 기분 좋게 대화가 진행되는 사람이 있는가 하면, 같은 내용의 대화라도 느낌이 좋지 않은 사람이 있다. 언어에는 눈에 보이지 않는 기(氣)가 존재한다. 그렇기 때문에 대화를 할 때 사람에게서 받는 느낌이 다른 것이다.

언어를 통해 좋은 기를 전달하는 사람은 대체적으로 공손하고 예의바른 몸가짐으로 바른 언어를 사용한다. 대화를 할 때 공손하고 예의바른 몸가짐이란 자기중심적인 사고에서 벗어나 타인을 배려하고 상대의 입장에서 생각을 하는 것까지 포함한다.

1. 발성의 중요성

사람의 목소리, 즉 음성은 천성적인 것으로 사람마다 독특한 목소리를 가지고 있다. 유난히 쉰 소리가 섞인 허스키(husky)한 음성이나 보통사람보다 높은 톤의 목소리를 자신의 단점으로 인식하는 사람은 타인과의 대화를 기피하거나 인간관계에 있어서 어려움을 겪기도 한다. 하지만 타고난 음성이 독특하더라도 본인만의 개성으로 얼마든지 타인에게 호감을 줄 수 있다.

음성은 면접과 같이 짧은 시간 안에 자신을 표현하고 타인에게 호감을 주어야 하는 자리에서 더욱 중요하다. 부드럽고 차분하면서도 정확한 음성은 면접관으로 하여금, 면접자의 좋은 이미지를 형성하도록 도와준다.

1차적으로 면접자의 외형에서 형성된 이미지는 2차적으로 면접자의 음성을 통해 각인된다. 첫인상의 중요성에 대한 연구에 따르면, 면접관들은 일차적으로 형성된

면접자의 이미지를 확인하는 심리적 절차를 따르게 되는데, 면접자가 지원한 회사에 적합하지 않을 것이라는 이미지를 1차적으로 형성하였다면, 질의 응답과정을 통해 면접관이 형성한 부정적 이미지를 확인하려는 성향이 높게 나타난다는 것이다.

따라서 외형적으로 자신감이 없는 사람들은 발성연습을 통한 좋은 음성과 발음으로써 첫인상에서의 부정적인 요소들을 얼마든지 극복할 수 있을 것이다.

2. 발성연습

발성을 하기 위해선 호흡이 중요하다. 횡경막운동이라고도 하며, 배에 힘을 주는 것이 아니라 등 뒤, 옆구리 부분의 횡격막을 팽창시키며, 숨을 내쉴 때는 천천히 내쉬는 연습을 한다. 발성연습은 '아(Ah)', '에(Eh)', '이(Ee)', '오(Oh)' '우(Wo)' 순으로 한다.

① '아' 소리 내기

턱이 움직일 정도로 크게 입을 벌리고 큰 소리로 "아" 하고 배에 힘을 주고 소리를 낸다.

② '에' 소리 내기

입꼬리를 긴장시켜 위로 끌어올리며 발음한다. 정확한 발음이 될 수 있도록 신경쓰며, 부드럽게 공명이 될 수 있도록 배에 힘을 주어 발성한다.

③ '이' 소리 내기

입술의 근육을 긴장시킨 후 입술의 양끝을 힘껏 끌어당겨 '이' 하고 소리를 낸다. 턱을 끌어당겨 배에서부터 시작된 소리가 머리를 지나 입으로 발성된다는 생각을 하며 반복한다.

④ '오' 소리 내기

입술을 자연스럽게 내밀어 소리가 입안에서 부드럽게 돌아 발성될 수 있도록 한다.

⑤ '우' 소리 내기

'오'의 발성과 마찬가지로 입을 자연스럽게 내밀며, 턱을 당겨 머리에서 입으로 소리가 나온다는 생각으로 발성한다.

발성연습을 할 때에는 정확한 발음이 될 수 있도록 신경써야 하며, 너무 집중한 나머지 얼굴을 찌푸린다거나, 무표정하지 않도록 주의한다. 거울 앞에서 자연스러운 표정과 미소로 정확한 발음의 발성이 될 수 있도록 하는 것이 중요하다.

입의 근육과 성대가 충분히 이완되었다고 생각되면 간단한 내용의 책을 정확한 발음과 음성으로 읽는 연습을 한다. 입에 연필을 물고 혀를 긴장시키며 책을 읽는 연습은 정확한 발음으로 발성하는 데 큰 도움이 된다.

3. 혀(tongue)의 연습

혀는 조금만 잘못 움직여도 인후의 통로를 막을 뿐 아니라 성대를 압박한다. 따라서 혀의 근육을 풀어주고 자유자재로 움직일 수 있는 방법을 훈련해야 한다. 혀가 굳어지게 되면 마치 턱 위에 딱딱한 덩어리가 올려져 있는 것과 같이 느껴지게 되는데, 이는 소리의 울림과 발음 등에서 방해가 된다.

혀를 이완시키는 방법으로는 혀를 가능한 앞쪽으로 쭉 내밀었다가 천천히 끌어당긴다.

4. 아름다운 목소리 사용법

아름다운 목소리의 사용과 관련한 음성관련 연구자들은 다음과 같은 사항들을 추전하고 있다.

①안정된 심신상태에서 확실히 그리고 천천히 이야기할 것
②상대가 듣기 쉬운 거리와 장소에서 이야기할 것
③되도록 편안한 목소리로 이야기하거나 노래할 것
④넓거나 시끄러운 곳에서 이야기할 때에는 무리하게 소리치지 말고 되도록 마이크를 사용할 것
⑤너무 오랜 시간 이야기하지 말 것

5. 바른 자세로 대화한다

자신감에 차 있는 말투와 톤은 타인에게 전문적이고 진취적인 느낌을 준다. 자신의 내재적인 자신감을 표현하기 위해서는 여러 가지 방법이 있겠지만 면접과 같은 자리에서는 말로써 자신을 표현하는 것이 큰 비중을 차지한다. 효과적인 음성을 위해서는 자세가 중요하다.

악기가 최고의 음색을 내기 위해서는 조율이 필요하고, 적절한 장소가 필요하듯이 바른 자세는 효과적인 음성을 내기 위한 준비단계인 것이다. 가슴과 허리를 펴고 턱을 자연스럽게 끌어 당겨 자연스런 음성이 나올 수 있도록 하는 것이 중요하다.

6. 밝고 맑은 말투와 음성으로 대화한다

느리고 낮은 톤의 음성은 듣는 이로 하여금 지루하고 따분하게 느껴진다. 아무리 젊은 사람이라도 이처럼 말하는 것은 그 사람의 첫인상에 부정적인 영향을 줄 수도 있다. 따라서 대화를 할 때에는 활력 있고 생동감 넘치는 음성으로 대화하는 것이 호감을 주는 데 도움이 된다.

7. 잘못된 목소리의 사용법

① 너무 오랜시간 이야기하는 것
② 목에 힘을 주면서 큰 소리를 지르거나 울부짖는 것
③ 운동을 하면서 소리치는 것
④ 흥분해서 소리치는 것
⑤ 빠르게 말하는 것
⑥ 시끄러운 곳에서 크게 이야기하는 것
⑦ 피곤할 때 많이 이야기하는 것
⑧ 극단적으로 높은 소리와 낮은 목소리를 내는 것
⑨ 감기나 후두염에 걸렸을 때 말을 많이 하는 것
⑩ 이상한 남의 목소리를 흉내내는 것

8. 비음(鼻音)과 거친 음성은 발성연습으로 교정하는 것이 좋다

상황에 따라서 비음(鼻音)은 매력적으로 들린다. 그러나 공식적인 자리에서 과장되게 비음(鼻音)이 섞인 음성은 자칫 가벼운 사람으로 비쳐질 수도 있다. 콧소리를 내는 사람은 말을 할 때 의식적으로 목과 입을 열어 음성이 코를 통해 발성되지 않도록 연습해야 한다.

또한 감정이 격양되었을 때에는 거친 음성이 발성되므로, 이 때에는 감정을 가라앉히고 차분하게 자신의 의견을 정확하게 전달하는 것이 보다 효과적이다.

9. 목소리를 거칠게 하는 요인

① 지나친 흡연과 음주
② 혼탁한 공기나 소음환경에서의 대화
③ 힘을 주어서 배변하거나 무거운 물건을 나르는 일

제2절 취업과 이미지메이킹

취업과 관련해서 면접은 당락(當落)을 결정하는 중요한 절차이며, 이미지메이킹은 가장 중요한 취업의 열쇠이다. 모든 시선이 자신에게 집중된 공간에서의 음성과 말투는 호감 가는 첫인상을 형성하며, 적절한 제스처(gesture)는 면접자의 긍정적인 이미지를 배가시키는 효과가 있다.

좋은 모습을 연출하는 첫 번째 단계는 자신의 이미지 특성을 찾아내는 것이다. 즉, 자신만의 개성을 찾고 그에 어울리는 스타일을 연출하면 가장 자신 있는 자신만의 모습을 표현할 수 있다. 이미지메이킹이란 결국 자신만의 독특하고 창의적인 모습을 찾아가는 하나의 과정이라 할 수 있다.

1. 첫인상이 당락(當落)을 결정할 수 있다

취업을 결정하는 면접에서 첫인상은 매우 중요하다. 첫인상이라는 것은 한번 보고 결정짓는 외모나 외형만을 뜻하지는 않는다. 첫인상을 형성하는 데는 외형적인 요소(80%), 목소리(13%), 인격(7%) 등이 영향을 미친다. 사람에 따라 차이가 있기는 하지만, 일반적으로 체형 → 얼굴 → 피부 → 눈 → 입 순서이며, 가까이서 보면 눈을 가장 먼저 본다. 외형적인 요소는 상황에 따른 바른 옷차림과 머리모양 등 주로 겉으로 드러나는 모습들을 의미한다.

외형적인 요소 다음으로 중요한 것은 목소리, 즉 음성과 발성부분이다. 목소리는 비록 천성적인 것이지만 반복적인 연습을 통해 긍정적인 효과를 볼 수 있다. 개인의 인격을 파악하는 데는 시간적인 노력을 필요로 하는 만큼 첫인상의 형성에 큰 영향을 미치지는 않는다. 그러나 품위있고 올바른 가치관의 성격은 어느 정도 자신의 외형적인 부분에도 영향을 주게 되어 있으므로 평상시 자기계발과 올바른 인격 향상에도 노력을 해야 할 것이다. 종합적으로, 매력적인 외형과 상황에 따른 제스처(gesture), 바른 자세, 목소리 등이 긍정적이고 호감있는 첫인상을 형성하는 주요 요소이다.

2. 적절한 언어의 선택과 바른 자세

대부분의 조직은 그 조직만의 특성을 가지고 있다. 지원한 회사의 특성을 파악해 적절한 단어를 사용하는 효과적인 면접이 중요하다. 회사가 지향하는 목표와 성격은 지원한 회사의 비전(vision)과 사명(mission statement)을 살펴보면 쉽게 이해할 수 있다. 급변하는 사회에 발 빠른 적응을 추구하는 회사는 보통 '신속', '급속도', '최우선' 등의 단어를 선호한다. 이러한 회사에 지원한 면접자는 손을 사용한 적절한 제스처를 사용함으로써 적극적이고 진취적인 사람으로 비춰지게 된다. 반면 '신뢰', '신용', '믿음' 등의 단어를 선호하는 회사에 지원한 경우에는 손을 가지런히 무릎위에 올려놓은 상태에서 면접을 진행하는 것이 좋다.

3. 부드러운 시선처리

심리적으로 불안하거나, 자신감이 없을 때 또는 무언가를 감추고 싶을 때, 사람들은 시선을 피한다거나, 손으로 입을 가린다거나 발을 떠는 행동을 한다. 타인과 대화를 할 때 본인이 무의식적으로 이러한 행동을 한다면 반드시 고치는 것이 좋다. 아무리 능력 있고 자신감이 넘쳐난다 할지라도 면접이라는 제한적인 시간과 장소에서 자신의 능력을 100% 증명해 보인다는 것은 어려운 일이다.

예의바르고 당당한 자세로 면접에 임하는 것은 필수이다. 시선은 반드시 면접관을 응시하되, 거북하지 않도록 부드러운 시선을 유지하고 팔짱을 낀다거나 손톱을 만지는 행동은 면접관에게 좋지 않은 인상을 남길 수 있으니 주의하자.

제3절 자기개발과 이미지메이킹

이미지메이킹은 겉만 그럴 듯하게 치장하는 것도 아니고 포장만 하는 위장술도 아니다. 자기개발을 통해 숨은 개성을 알리는 노력이다. 이미지메이킹의 첫 단계는 자기 자신을 정확하게 아는 것으로부터 출발한다. 현재 자신의 장점과 단점은 무엇인지를 파악함으로써 효과적인 이미지를 창출할 수 있다. 본 장에서는 성공적인 이미지메이킹의 연출법에 관해서 살펴보도록 하자.

1. 성공의 열쇠는 매너

인터넷의 보급으로 사람과의 접촉이 줄어들었다고는 하지만, 결국 성공적인 비즈니스를 위해서는 사람들을 만나야 한다. 사업목적으로 미팅을 갖게 될 때, 여러 가지 정보들은 사전에 어느 정도 당사자들이 공유하게 되지만, 그날의 기분과 상황, 주변여건들이 성공적인 계약에 변수로서 작용을 할 수 있다.

그 중에서도 가장 중요한 것은 매너있는 태도일 것이다. 매너 있는 태도에 관한 인식이 부족한 사람들은 매너있는 행동에 대해서 비굴하거나, 굽실거리는 것쯤으로 생각을 하는 경우가 있다. 그러나 매너라는 것은 내가 대우받고 싶은 만큼 상대를 배려하는 마음이라 생각하면, 어떻게 상대를 대해야 할지 알 수 있을 것이다.

2. 표정관리를 잘하라

일상생활에서 또는 사회생활에서 유난히 기분 좋은 사람들을 만나게 된다. 여러 가지 이유가 있겠지만, 처음 보는 사람의 첫인상은 아마도 일차적으로 보이는 외형적인 부분일 것이며, 그 중에서도 제일 먼저 영향을 주는 것은 사람의 인상이다.

무표정한 얼굴은 상대의 마음을 닫게 하며, 신뢰감을 줄 수 없다. 찡그린 표정은 사람들을 긴장하고 불편하게 만든다.

언제나 입가에 자연스러운 미소를 머금고 있는 사람은 타인을 편안하게 하며 신뢰감을 줄 수 있다. 사업이 잘되는 사람에게 비결이 무엇이냐고 묻자, "웃고 있으니까 저절로 고객이 찾아주더라, 사업이 잘되어 웃고 있는 것이 아니라 웃고 있어서 사업이 잘되는 것 같다"고 환히 웃으며 대답하던 외식업체 경영자의 말은 우리에게 의미하는 바가 크다.

3. 패션 감각을 키워라

현대인에게 있어서 의복은 환경으로부터의 보호만을 의미하지 않는다. 장소에 어울리는 감각 있는 옷차림은 한결 사람을 돋보이게 만든다.

취업을 위한 면접장소에 어울리는 옷차림과 비즈니스 성격에 어울리는 옷차림으로 자신을 돋보이게 하는 것은 현대인의 필수전략인 것이다. 평상시 자신에게 어울리는 색상과 옷의 스타일을 알고 있는 것이 중요하다. 일반적으로 슈트의 색은 진감색(Navy Blue)이 베스트 컬러이며, 진회색·청회색·회갈색의 어두운 컬러가 신뢰감을 준다.

드레스 셔츠는 상대 회사가 보수적이라면 흰색 셔츠가, 진보적이라면 블루 셔츠가 적절하다. 회색 계열이나 브라운색 계열의 셔츠는 깔끔한 비즈니스의 이미지와 상반되는 색상이므로 피하는 것이 좋다.

4. 목소리를 단련시켜라

사람의 음성만큼 매력적인 소리는 없을 것이다. 대부분의 사람들은 당연히 매력적인 목소리에 이끌리게 되어 있다. 달리 말하면, 외모에 자신감이 없더라도 얼마든지 목소리로 자신의 부족함을 극복할 수 있다는 의미일 것이다. 전문적인 성우들은 사람들이 듣기에 부드럽고 거북하지 않은 높낮이의 목소리로 시청자들에게 기쁨을 준다. 외국 영화에 더빙된 성우들의 음성과 말투를 연습한다거나, 체계적인 발성연습으로 자신의 음성을 한층 세련되게 할 수 있다.

5. 보디랭귀지의 사용은 적극적인 성격을 반영한다!

해외여행을 하다보면, 여러 가지 문화적인 차이점을 발견하게 되는데, 대화를 함에 있어서 서양인들의 자연스러운 제스처(gesture)가 때로는 상당히 이질적으로 느껴질 때가 있다. 대화를 할 때 손짓과 얼굴의 표정변화는 타인에게 자신감을 표출하고 진지하고 적극적인 사람이라는 느낌을 준다. 세련되고 자연스러운 손동작과 감정에 따른 다양한 표정으로 대화를 하면 사람들은 금새 친근감을 느끼고, 자연스럽게 대화에 빠져든다.

6. 의사소통 능력을 길러라!

사람들은 저마다의 의사소통 능력을 가지고 있다. 여러 가지 주변 변수들과 개인의 상황적 요소들에 따라 의사소통 능력에 차이가 나타나게 된다. 대화를 함에 있어서 무언가 답답함을 느끼게 하는 사람들이 있다. 이는 문제의 핵심을 설명함에 있어 서론이 장황하다거나 반대로 청취하는 사람의 의사소통 능력에 문제가 있어 대화의 핵심을 잘 이해하지 못함에 있을지도 모른다.

의사소통 능력을 높이기 위해서는 평상시 신문을 읽는다거나, 독서를 하면서 전체적인 줄거리를 파악하며 읽는 연습을 하는 것이 논리력을 향상시키는 데 도움이 된다. 독서를 한 후, 줄거리를 간략하게 핵심을 정리해보는 연습도 도움이 된다. 효과적인 의사전달 능력은 이미지 리더십에서 상당히 중요시된다. 미국의 커뮤니케이션 전문가 엘비트 메러비안은 효과적 커뮤니케이션의 요소를 표정, 제스처 태도 등의 시각적 요소가 55%, 목소리가 38%, 언어는 7%를 차지한다고 밝혔다.

■ 이미지 체크포인트

1. 입고 있는 바지가 허리의 위치에 제대로 입혀져 있는가? 이 모습은 단정하고 조직내에서 유능한 인물로 보인다.
2. 양복의 색상으로 리더적 이미지와 능력자의 이미지를 표현할 수 있다. 대체로 검정이나 짙은 감색 등 다크 컬러가 카리스마적 분위기를 연출한다. 여기에 화이트셔츠와 짙은색 타이를 코디한다.
3. 얼굴이미지를 좌우하는 것은 헤어스타일이다. 유능하고 스마트한 비즈니스맨의 헤어스타일은 짧고 단정하게 빗어 넘긴 스타일이다.
4. 이미지 관리의 시작은 구두이다. 입고 있는 옷이 고급이 아니더라도 신고 있는 구두가 깨끗하면 이지미지가 상승한다.
5. 안경은 인상을 좌우하는 중요한 도구이다. 날카로운 인상을 중화시키거나 눈이 작고 가는 것을 커버해 주기도 한다.
6. 너무 깔끔한 매무새와 진한 스킨냄새는 능력 있는 비즈니스맨의 이미지를 줄 수 없다. 일에는 관심이 없고 자신의 치장에만 관심 있는 사람으로 찍혀서 중심에서 밀려난다.
7. 눈에 띄는 장신구 사용은 자신의 능력을 발휘할 수 있는 기회를 감소시킨다. 아무리 능력이 있어도 주변이 산만해 보여서 중요한 직책이 맡겨지지 않는다.
8. 자동차의 인테리어에 지나치게 치장하는 것도 유치한 사고방식의 소유자로 보여진다. 개인의 취향이라고는 하지만 무언가 꾸며서 보이려는 가치관이 엿보이므로 좋은 이미지로 보여지지 않는다.
9. 구두 뒷굽의 관리를 제대로 해야 비로소 이미지관리가 완성된다. 근사한 정장에 뒷굽이 닳은 구두를 신고 있다면 정장의 가치를 보여줄 수 없다. 이런 구두를 신고 있으면 다리도 휘어 보이고 걸음걸이도 엉망으로 보여서 무능한 인물로 보인다.

10. 비만체격 때문에 미련해 보여서 능력을 인정받지 못할 수도 있다. 긴장하지 않고 느슨한 성격의 게으른 이미지가 보여서 승진에 장애요인이 된다.

11. 드레스 셔츠 하나로도 자신의 존재를 엘리트나 유능한 인물로 돋보이게 하는 비결이 있다. 특히 사내의 직원들이 함께 하는 행사나 회의석상에서 프레젠테이션을 할 경우에는 화이트드레스 셔츠를 입는 것이 돋보인다. 평상시에는 자신에게 어울리는 베스트 컬러를 파악하여 같은 색상 계열의 여러 가지 톤을 준비해 두었다가 정장의 컬러와 코디하여 입는 것이 좋다.

12. 전화받는 태도에서 의욕적인 인물의 이미지를 만들어 낼 수 있다. 전화벨이 울리면 신속히 받고 밝은 목소리를 내야 한다. 어떤 일이든 주어지면 해내겠다는 열정적인 이미지를 보여준다.

13. 여성이 승차할 때와 의자에 앉는 모습에서도 교양과 품위를 갖춘 유능한 인물로 보인다. 차를 탈 때 엉덩이, 머리, 두 다리의 순서로 승차하는 모습이 바람직하다. 의자에 앉아 있을 때에는 가지런히 다리를 모으고 무릎은 붙인 채 약간 옆으로 기울인 자세가 좋다.

14. 부름을 받은 윗사람 앞에서는 모습에서도 믿음이 가고 자세가 된 인물로 부각시키자. 필기구를 소지하고 가서 메모하면서 되물어 확인하는 태도로 임한다.

15. 발표를 앞둔 상사를 수행하는 경우에도 충실하고 유능한 이미지를 보여준다. 갑작스런 사정으로 상사대신 발표를 해야 하는 경우에 평소부터 준비해 온 브리핑 실력을 발휘하면 승진의 기회를 얻게 된다.

16. 상사의 질문에 간단히 대답하는 경우에도 충실하고 유능한 이미지를 보여 준다. '예', '아니오!'뿐인 대답보다는 일의 진행이나 결과에 대한 상황을 설명해 주는 것이 좋다.

17. 여사원을 부르거나 대화할 때도 호감 가는 인물의 이미지를 보여 주어라. 직함이 있을 때를 제외하고는 '미스'라는 호칭보다는 이름을 불러주는 것이 좋다.

18. 윗사람을 태운 차를 운전하게 되는 경우에는 차선위반이나 신호위반 등은 금물이다. 이런 경우 윗사람은 일을 맡기면 위험한 인물의 이미지를 갖게 된다.

19. 내성적인 성격 때문에 유능하지 못한 나약한 인물로 인식되는 경우가 있다. 이런 성격은 나서는 것을 싫어하고 대인관계가 적기 때문에 조직을 통솔할 수 있는 능력이 없어서 조직의 중심부에서 밀려나게 된다.

20. 평소 시선 처리의 나쁜 습관 때문에 신뢰할 수 없는 인물의 이미지를 가질 수 있다. 상사와 대화를 나눌 때에 주변 사람들의 반응을 살피거나 시선의 방향이 불안한 사람은 상대방에게 불신감을 갖게 된다.

21. 무심결에 나타나는 버릇 때문에 조직의 가장자리에서 맴돌거나 인사에 불이익을 당하는 경우가 있다. 앉으면 다리를 떨고, 걸을 때 머리를 숙이고 걷거나, 아무데서나 침 뱉는 것 등의 행동은 근심이 있거나 세상에 불만이 있는 반항

아적인 이미지를 보여주게 된다.

22. 자신을 내세우는 태도 때문에 언젠가는 당할 것 같은 인물로 보이는 경우가 있다. 자기를 알아주기 바라는 마음이 남보다 강해서 남의 공도 자기 것으로 만드는 기질의 사람은 주변사람으로부터 기피하는 인물이 될 수 있으므로 주의한다.

23. 문제의식이 너무 강하면 부정적인 인물의 이미지가 발산되어 조직생활에 어려움을 가져오게 된다. 너무 강한 의견표출은 주변으로부터 배척되어 중요한 프로젝트로부터 소외당하게 된다.

24. 책상 주변이 지저분하면 발전성이 없는 인물로 보인다. 이런 모습은 자기계발의 정체를 보여주어 새로운 일이 주어지지 않는다.

25. 여러 사람이 앉는 의자에서 옆 사람에게 불편을 주는 자세는 남을 배려하지 않는 이미지를 주어 환영받지 못하는 인물이 된다.

26. 사람이 좋아 여러 사람에게 인기 있는 것 때문에 쉽게 부려도 되는 사람으로 인식되는 경우가 있다. 모든 사람과 통하는 팔방미인은 조직의 핵심부에서 일할 수 없다.

27. 솔직한 태도는 상사나 선배에게 호감을 느끼게 하는 태도이다. 자기가 모르는 일에 대하여 솔직하게 질문하게 되면 질문을 받은 상사는 자신을 신임하는 부하 직원에 대한 이미지를 가지게 된다.

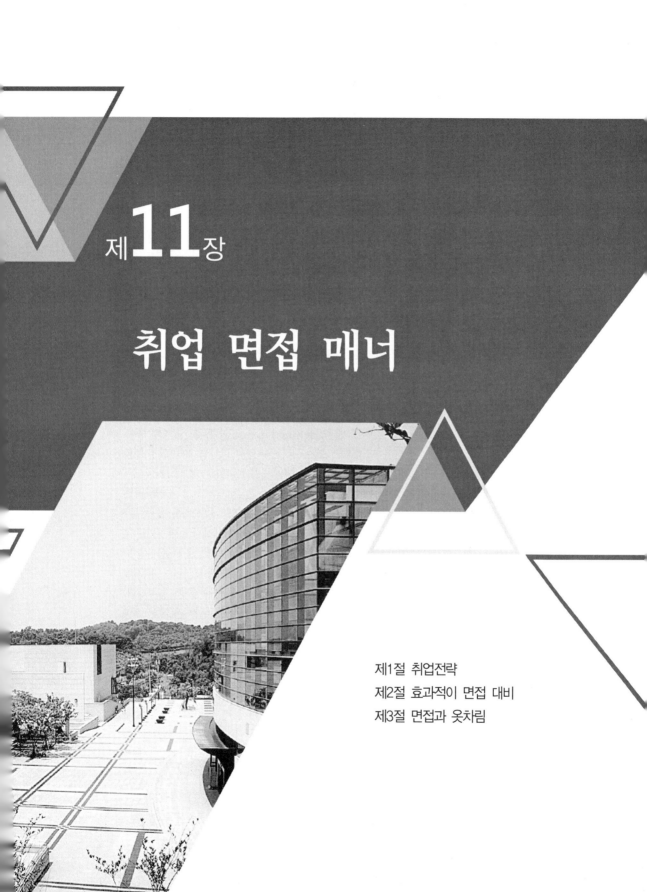

제**11**장

취업 면접 매너

취업 면접 매너

　경제 침체로 인한 취업난이 계속되고 있다고는 하지만, 글로벌 경제의 치열한 경쟁관계 속에서 인재의 확보는 기업의 존폐를 가늠하는 중요 사항이다. 새로운 인재의 발굴은 기업에 활력을 가져다주고 참신한 아이디어와 건강한 기업문화를 유지시켜주는 원동력이 되는 것이다. 핵심 인재에 대한 중요성이 높아지면서 국내 기업들이 인재경영에 각별한 노력을 기울이고 있다.

　삼성그룹의 인재경영은 잘 알려진 사실이며, 2005년 한화그룹은 10년 비전을 향한 첫걸음으로서, 인재경영의 첫 해로 정했으며, LG 그룹도 역시 인재경영을 선포했다. 무엇보다 자신의 경쟁력을 길러 인재로서의 요건을 갖추고 있다면 험난한 취업문도 쉽게 열릴 것이다. 이직이나 취업에서 인터뷰는 매우 중요하며, 특히 외국계 기업에서 면접은 결정적이다. 본 장에서는 취업과 관련한 면접에서의 전략과 면접관을 사로잡을 수 있는 매너들에 관해서 살펴보도록 한다.

1. 취업준비 단계

대부분의 경우 대학 졸업과 동시에 취업문을 두드리게 된다. 취업을 준비하는 과정에서 빠른 시간 안에 자신이 원하는 분야의 직장에서 일을 시작하기도 하며, 오랜 시간의 준비기간을 걸쳐 취업을 하기도 한다. 취업이라는 것은 본인 스스로 경제력을 갖는 동시에, 사회적 관계를 넓혀 가는 계기를 마련해 준다.

매년 채용시장의 규모는 당해연도 또는 전년도의 경제사정과 당해기업의 경영실적과 밀접한 관계를 가지고 있다. 따라서 취업을 준비하는 사람이라면 본인이 어떤 적성을 가지고 있으며, 남들보다 앞서 나갈 수 있는 경쟁력이 무엇인지, 그리고 본인이 진정으로 하고 싶어하는 일이 무엇인지를 알아야 할 것이다.

다음으로, 본인이 입사하고자 하는 목표기업이 있다면, 취업 목표기업의 일반적인 정보는 당연히 알고 있어야 할 것이다. 단기간에 취업을 한다면 좋겠지만, 장기적인 계획을 세워 차근차근 미래를 준비해 나가는 것이 취업난을 극복하는 현명한 자세라고 하겠다. 취업준비도 빨라져, 대학 저학년 때부터 전략을 세워 준비하는 것이 좋다.

① 대학 1학년 때는 자신의 적성을 파악하여 진로계획을 설정한다.

최근의 취업동향은 사회경험이 풍부한 사람들을 선호하고 있다. 다양한 분야에서의 파트타임 근무는 본인의 사회적응을 도울 뿐만 아니라, 자신의 적성을 파악하는 데에도 도움이 된다. 학업과 관련해서, 자신의 전공과 관련된 여러 과목을 수강하고 어학관련 공부도 학원 수강 등을 통해 일찍 시작하는 것이 좋다.

② 2학년 때는 인적 교류의 폭을 넓히고, 다양한 지식정보를 습득한다.

대내외적인 동아리 활동이나, 사회봉사단체 활동을 통해 인적 네트워크를 형성하고, 외국어 관련 공인 인증서나 전공관련 자격증을 준비하는 것도 좋다. 해외여행은 새로운 세상을 경험함으로써 사고의 폭을 넓혀 주는 계기가 된다.

③ 3학년 때는 본격적인 취업목표 대상을 선정한다.

취업과 관련한 다양한 정보를 수집하고, 사회인으로서의 기본자질과 목표하는 취업대상 기업이 요구하는 전문성을 기르는 데 역점을 두고 준비한다.

④ 4학년 때는 실질적 취업활동에 집중한다.

다양한 채널을 통해 취업을 할 수 있도록 노력해야 한다. 인턴쉽을 통해 원하는 분야의 전문성을 확보한다거나, 취업 전문 동호회 모임에 참석해서 모의 인터뷰를 하는 등 다양한 면접경험을 축적하도록 한다.

2. 취업정보 탐색

취업을 하기 위해선, 먼저 본인의 적성을 빨리 파악하고 자신에게 맞는 분야를 선택해야 한다. 적성과 전공이 다른 분야만을 고집한다거나, 자신의 능력보다 높은 기업만을 선호한다면 성공적인 취업을 달성하기 어려울 것이다. 자신이 원하는 지원분야에 따라 요구되는 자질을 파악하고 경쟁력을 길러야 한다.

일반적으로 소규모의 기업에서는 높은 어학점수나, 상위 학력을 요구하기보다는 특정 업무와 관련된 경험과 숙련도를 요구하며, 대기업의 경우에는 전문성보다 그 기업이 요구하는 기본자질을 더욱 중요시한다.

만약 자신의 학점이 좋지 않다거나, 어학능력이 낮다면 자기소개서에 많은 노력을 기울여야 한다. 자기소개서와 관련해서는, 형식적이지 않고 자신의 특성을 잘 드러낼 수 있으며, 왜 본인이 지원한 회사에 적합한 인재인지를 설득력 있게 표현하여야 한다.

3. 면접과 첫인상

새로운 사람을 대면할 때 사람들은 상대의 첫인상을 통해 그 사람의 이미지를 형성한다. 첫인상을 통해 이미지를 형성하는 시간은 짧은 시간에 불과하다. 면접 역시 면접관에게 호감 있는 첫인상을 줌으로써 어려운 취업의 관문을 통과해야 한다.

윤광희 저 '만점 노하우'에 의하면 면접관은 면접시작 3분 동안에 형성된 첫인상을 통해 응시자를 평가하고, 그 첫인상이 맞았음을 확인하려는 심리적 자극을 응시자에게 표현한다는 것이다. 즉, 다시 말해 면접관은 첫인상으로 응시자의 모든 것을 결정하려는 심리가 있으므로, 면접응시자는 면접시작 3분 안에 면접관을 사로잡아, 면접관의 심리를 강하게 자극하라는 것이다.

면접관들이 범하기 쉬운 가장 큰 심리오류 중 하나가 바로 '첫인상효과'라고 한다. 공정하고 객관적이어야 할 면접이 면접관의 당일 심리상태에 의해 이와 같은 오류에 빠지기 쉽다는 말이다. 면접관의 심리적 오류를 극복하기 위해 기업마다 체계적이고 공정한 면접평가표를 개발하고 있는 추세라고는 하지만 사람이 사람을 평가하는 일이란 그리 쉬운 일은 아닐 것이다.

반대로 생각해 보면, 면접응시자들은 면접관들이 범하기 쉬운 심리적 오류를 효과적으로 공략할 수가 있다. 자신을 짧은 시간 안에 최대한 부각하고 표현하여 좋은 첫인상을 받는 것이 바로 그것이다. 좋은 첫인상을 주기 위해서는 바른 자세, 옷차림, 표정, 말할 때의 높낮이와 정확함, 그리고 논리 정연한 말하기 능력 등이 종합적으로 자신의 첫인상을 형성하는 요소들이므로 면접을 앞둔 취업준비생들은 평상시 이런 연습을 자연스러워질 때까지 반복해야 한다.

🌼 매너이야기 🌼🌸🌸

■ 첫인상 5초의 법칙

• **좋은 첫인상의 세 가지 느낌은 바로 '신뢰감, 자신감, 친근감'**

감색계열의 정장은 신뢰감 형성에 도움을 준다.
제스처를 많이 사용하면 자신감 있는 사람으로 보인다.
대화 중 상대방의 몸짓을 따라 하거나 긍정과 칭찬을 많이 해주면 금방 친해질
수 있다.

• **테크닉만으로는 한계가 있다.**

첫인상을 개선하는 데 필요한 것은 태도 90퍼센트, 습관 5퍼센트, 지식 3퍼센트,
테크닉 2퍼센트다.

• **늦은 시간만큼 첫인상은 구겨진다.**

'약속 시간을 지킬 수 없다면 어떤 약속도 하지 말라'는 말이 있다.
시간으로 돈을 벌 수는 있어도 돈으로 시간을 되살 수는 없다.
약속 시간을 지킴으로써 좋은 첫인상 또는 평범한 첫인상을 줄 수는 있으나, 약
속 시간에 늦어 망가진 첫인상은 그 어떤 것으로도 회복할 수 없다.

• **외모에 대한 태도부터 수술하라.**

인기가 있는 사람은 외모나 옷차림에 대해 외모 지상주의 같은 그릇된 신화를
신봉해 성형수술을 일삼는 사람이 아니라, 자신의 외모를 다른 사람이 원하는 만
큼 가꿀 줄 아는 자세가 몸에 배어 있는 사람이다.

• **밝은 표정과 단정한 복장은 기본이다.**

상대방의 눈을 바라보는 연습을 하라. 그 다음은 웃음이다.
다른 사람의 시선을 피하지도 않고 눈을 보면서 대화하며, 조용히 미소 짓는다면
금상첨화. 책상 위에 작은 거울을 비치해두고 매일 연습할 것을 권한다.
옷은 TPO, 즉 Time(시간), Place(장소), Occasion(상황)에 맞춰 입는 것이 정답이다.

- •백 마디 말보다 더 강한 표현, 보디랭귀지

  악수 등의 제스처는 처음 만날 때 생길 수 있는 본능적인 불안감을 감소시키고 상대방에게 호의를 가지고 있다는 것을 보여준다.

- •호감을 주는 대화의 기술

  친절한 말투는 권위적인 말투보다 권위가 있다.
  말을 잘하는 사람은 남의 말을 잘 듣는 사람이다. 첫마디를 준비하라.
  설득이 필요하다면 일단 긍정하라. 구체적으로 칭찬하라.

  출처 : 한경 저 '첫인상 5초의 법칙'

제2절 효과적인 면접 대비

　최근의 취업난은 취업 준비생에게는 있어서 어려운 상황인 것만은 분명하다, 하지만 인재를 필요로 하는 기업의 입장에서는 경쟁력 있는 인재를 확보할 수 있는 선택의 폭이 넓어진 것도 사실이다. 자신이 지원한 회사에 적합한 인재라는 것을 증명해 보이기 위해서는 분명 남들과 다른 경쟁력을 갖추고 있어야 한다.

　본인 자신이 아무리 경쟁력을 갖추고 있다고 할지라도 그것을 증명해 보이지 못한다면 면접관은 지원자의 진가를 알지 못할 것이다. 그럼, 어떻게 자신의 경쟁력을 표현해야 할까? 바로 면접 자체가 자신을 표현할 수 있는 기회이다. 다재다능한 능력을 겸비한 연예인일지라도 반복되는 연습과 무대경험 없이는 자신의 다재다능함을 100% 발휘할 수 없듯이, 면접 역시 많은 준비와 연습을 필요로 한다.

1. 면접 유형

예전의 면접 방식은 단순히 인사 담당자와 회사 중역이 배석한 가운데 질의응답 형식으로 이루어졌다. 그러나 최근의 면접유형은 다양한 형태를 보이고 있다. 면접유형들을 살펴보면 다음과 같다.

표 10-1 면접의 유형

면접 유형	중점 검증 부문
집단토론 면접방식	논리성, 협상 능력, 이성적 상황
프리젠테이션 면접방식	대처표현력과 발표력, 순발력
실무진 및 임원 면접방식	전문지식의 검증
압박 면접방식	문제 대처와 해결능력, 이성적 상황 대처
외국어 면접	외국어 구사능력 검증
기타 유형	파티, 운동회 형식의 집단면접 형태

2. 면접 유형별 준비요령

① 집단토론 면접방식

집단토론 면접은 자유로운 분위기에서 지원자들에게 주제를 부여하여 자신들의 의견을 얼마나 논리적으로 주장을 하는가, 대립되는 의견에 대해서 어떻게 대처하는가 등을 중점 검증한다.

무엇보다 신경 써야 할 점은 자신의 논리로 섣부른 결론을 도출하지 않아야 한다는 것이다. 상황에 따라서는 토론 주제에 관한 완전한 정보가 주어지지 않는 경우도 있으므로 상대의 논리를 경청하면서 찬·반의 의견을 수렴한 결론 도출에 본인이 직접 나서 접근하는 것이 중요하다.

집단토론 면접방식에서 가장 주의하여야 할 점은 자신의 의견과 다르다 하여 상대방을 밀어붙인다거나 말을 도중에 가로 막아서도 안 된다. 절대 흥분하지 않고 이성적으로 상대를 설득할 수 있도록 노력해야 한다. 최대한 적극적인 모습을 보이는 것도 중요하다.

② 프레젠테이션 면접방식

프레젠테이션 방식은 주어진 시간 안에 특정 주제를 바탕으로 발표를 준비한 후 면접관 앞에서 효과적인 발표를 하는 것이다. 면접관은 응시자의 논리력, 창의력, 표현력을 중점 검증한다. 일반적으로 프레젠테이션 면접은 전공과 관련된 주제를 정해주고 내용의 전문성과 정확성 그리고 발표의 참신함을 충분히 담고 있어야 할 것이다. 발표시 면접관이 잘못된 점을 지적하면 즉각적으로 수용하는 태도를 보여야 한다. 경험이 풍부한 면접 담당자들 앞에서 거짓말이나 과장은 절대 삼가야 한다.

③ 실무진 및 임원 면접

대기업에서는 일반적으로 1, 2, 3차에 걸쳐 면접을 실시한다. 실무진 면접은 보통 1차 면접에서 실시하는 면접형태다. 두 명에서 5명까지 여러 명의 지원자가 동시에 면접을 실시하는데, 면접관의 질문에 당황하지 않고 논리적이면서 창의적인 답변 능력을 요구한다. 가급적 너무 튀지 않으면서, 집단 속에 묻히지 않는 모습을 유지하는 것이 중요하다. 다른 지원자의 면접 내용에 대해서 경청을 하고 동의를 하는 제스처도 호감을 주는 모습이다.

면접관이 예상하지 못한 질문을 하더라도 절대 당황하지 말고, 그 부분에 관해서는 생각하지 못해봤습니다만, 제 의견은……."이라고 대답하는 것이 좋다. "잘 모르겠는데요!" "글쎄요…….'라며 시간을 지체하는 것은 전문성이 결여된 것처럼 보이니 주의해야 한다.

④ 압박면접

심화면접 방식으로, 응시자를 심리적으로 압박하여 상황 대처 능력과 문제 해결

능력 등을 검증하기 위함이다. 면접관들이 지원자의 약점을 지적하거나, 난처한 상황에 대한 의견을 묻는다거나, 경쟁회사에 관한 질문을 함으로써 응시자를 심리적으로 압박한다. 대답하기 난처한 질문에 대해서는 문제를 인정하고, 문제와 다른 긍정적인 점을 부각시키도록 노력하는 것이 좋다. 이를테면 면접관이 "사회경험이 부족한 거 같은데, 지원부서는 폭넓은 인간관계를 필요로 한다!"라는 질문을 하였다면 "사회경험은 부족하지만 동아리 활동이나 폭넓은 독서를 통해 많은 간접경험을 쌓았다고 생각합니다. 본인의 다양한 지식들이 지원부서의 업무를 수행하는 데 많은 도움이 될 것 같습니다"라고 대답하면 좋다.

⑤ 외국어 면접

외국어 면접의 핵심은 원활한 외국어 구사능력이다. 외국계 기업의 취업을 희망하는 사람뿐만 아니라 빈번한 외국회사와의 교류로 인하여 외국어의 필요성이 절실하다. 따라서 일반 면접과정에서도 자기소개에서부터 제품소개, 상황설명 등 다양한 주제의 외국어 구사능력을 검증한다.

외국어 면접에서 중요사항은 장황하고 두서없는 문장보다는 간결하면서 핵심이 있는 문장을 구사하여야 한다. 외국어 면접은 단순히 외국어를 잘하느냐만 검증하는 것이 아니고, 해당 언어로 표현되는 논리력, 전문지식, 순발력, 상황 대처능력 등을 종합적으로 검증하므로 이점에 유의하여 답하도록 한다. 외국어 면접에서는 발음이 안 좋더라도 자신감 있는 목소리로 발표하도록 한다.

⑥ 기타유형

최근에는 술자리를 통해 지원자들의 성향을 알아보는 면접방식, 운동회와 같은 팀 빌딩(team-building) 방식, MT와 같은 여행을 통한 면접방식 등 다양한 방식으로 다재다능한 사회적 인재들을 선발하려 노력하고 있다. 무엇보다 이런 방식의 면접에서는 집단속에 묻혀 자신의 존재가 부각되지 않거나, 타인을 따라 모방한다거나 또는 소심한 모습 등을 보여서는 안 된다.

모든 일에 적극적으로 임하고 현명하고 상황대처에 뛰어난 리더의 모습을 보일 수 있도록 노력해야 한다. 기회는 두 번 다시 오지 않을 것이라는 생각으로 자신의 모든 것을 걸어야 경쟁에서 앞서 나간다는 것을 잊지 말아야 할 것이다.

제3절 면접과 옷차림

국내 기업의 인사담당자 1000명을 대상으로 한 설문조사에서, 응답자의 90% 이상은 외모가 떨어지는 응시자를 낙방시킨 경험이 있다고 답했다. 면접에 있어서, 첫인상이라는 것은 단순히 면접관의 눈에 보이는 얼굴이나 표정만을 뜻하는 것이 아니라, 얼굴의 생김새, 목소리, 옷차림, 태도 등의 외형적 요소들이 짧은 시간 안에 종합적으로 평가되는 것을 의미한다. 따라서 면접에 있어서 외모도 면접자의 능력이나 실력만큼이나 중요한 요소라는 것을 반영한다.

1. 자신의 스타일을 찾아라!

사람의 얼굴 생김새가 100인 100색이듯 체형 역시 사람마다 제각각이다. 자신에게 어울리는 색상과 어울리는 패션 스타일을 찾는 것이 중요하며, 상황에 따라 적합한 옷을 입는 것도 중요하다. 일반적으로 평균적인 키와 체중의 성인이라면 면접과 같은 자리에서는 짙은 남색의 정장을 입는 것이 좋다. 와이셔츠는 블루나 흰색 계열이 좋다. 무엇보다 중요한 것은 너무 튀거나 화려한 색상의 옷은 피하는 것이다.

① 키가 작다면?

일반적인 면접과 관련해서, 키가 작은 남자는 세로줄(vertical-stripe)이 들어간 중간 톤 색상의 정장이 무난하다. 이런 스타일의 정장은 키가 작다는 신체적인 단점을 극복하는 데 도움이 된다. 덧붙여, 정장 재킷의 'V'존이 깊어 보일수록 키가 커 보인다는 점에도 유념하는 것이 좋다. 신장이 작다는 것을 가리기 위해 높은 굽의 구두를 신는 것은 면접관으로 하여금 면접자가 신체적인 콤플렉스를 갖고 있는 것처럼 보일 수 있으니, 눈에 띌 정도의 높은 굽은 피하는 것이 좋다. 바지는 통이 넓거나, 골반에 걸치는 스타일은 피하는 것이 좋다.

② 마른 체형은?

너무 화려한 원색 계통은 피하고, 약간은 밝은 색상의 옷으로 포근한 인상을 심어주는 것이 좋다. 마른 체형의 사람은 성격이 예민하거나 민감한 사람처럼 보일 수 있으니, 밝은 계열의 넥타이로 온화한 분위기를 만들고 밝은 표정을 연출하는 것이 중요하다. 몸에 과도하게 달라붙는 옷이나 헐렁한 옷차림은 삼간다.

③ 큰 체형이라면?

가로줄이 들어간 옷은 시각적으로 옆으로 연장되어 보이는 효과를 낳는다. 세로줄이 들어간 짙은 계열의 정장이 무난하다.

④ 피부색에 따른 옷 색상은?

까만 피부는 흰색이나 하늘색 셔츠가 무난하고 거꾸로 얼굴이 하얀 편이면 아이보리나 밝은 브라운 계열이 좋다.

2. 성별에 따른 스타일링

(1) 남성의 스타일링

① 헤어스타일 : 남자의 경우에는 단정하게 빗어 올린 헤어스타일이 가장 무난하며, 약간의 헤어스타일링 제품을 사용하면 보다 진취적이고 전문적인 인재로 돋보이는 데 도움을 준다.

② 정장 스타일 : 양복 정장에 익숙하지 않은 사회초년생이라면 감청색이나 밝은 회색계열의 단추 2~3개짜리 기본형 정장이 무난하다. 세로줄이 들어간 스타일의 정장도 좋지만, 큰 체형의 사람은 가로줄이나 체크무늬 정장은 피하는 것이 좋다.

③ 셔츠 스타일 : 셔츠의 소매 길이는 정장 재킷 밖으로 1~1.5cm 정도 나오게 입는다. 색상은 흰색이 무난하며, 푸른 색상의 셔츠는 산뜻하고 활동적인 느낌을 준다. 브라운 계열의 색상은 세련된 느낌을 주지만 재킷의 색상과 조화를 이루도록 입는 것이 중요하다. 셔츠는 구김이 가지 않으면서 깔끔하고 단정한 느낌을 줄 수 있어야 한다.

표 10-2 정장과 셔츠 색상에 따른 넥타이 색상 코디방법

정장 색상	셔츠 색상	넥타이 색상	코디 효과
검정 계열	흰색 계열	검정 계열	단정한 효과
		회색 계열	
		청색 계열	
	회색 계열	검정 계열	
		회색 계열	
	감청색 계열	청색 계열	지적인 느낌
	흰색, 청색 계열	적색 계열	독창적, 화사한 느낌
회색 계열	회색 계열	회색 계열	차분하고 정숙한 느낌
	흰색 계열	회색 계열	
	갈색 계열	적색 계열	강한 느낌
청색 계열	밝은 청색 계열	청색 계열	깔끔한 느낌
	파스텔톤 밝은 청색	적색 계열	활동적인 느낌
갈색 계열	베이지 계열	갈색 계열	온화한 느낌
	흰색, 베이지 계열	적색 계열	시선을 끌고자 할 때

④ 넥타이 스타일 : 넥타이는 무엇보다 정장과 셔츠와의 조화가 중요하다. 다소 밋밋할 수 있는 정장 스타일이라면 넥타이를 활용해 조화로운 느낌을 주어 더욱 센스 있는 코디를 할 수 있다. 정장과 같은 색조의 넥타이는 키가 커 보이는 효과를 줄 수 있다.

(2) 여성의 스타일링

① 헤어스타일

헤어스타일은 전체적인 첫인상에 영향을 줄 정도로 중요하다. 일반적으로 짧은 머리 모양은 활동적이고 전문적인 이미지를 준다. 파마(permanent) 스타일의 머리는 단정해 보일 수 있도록 세팅을 하고, 긴 머리일 경우에는 뒤로 묶는 것이 좋다. 앞머리가 눈을 가리면 지저분하고, 자신감이 없는 것처럼 보이니 주의한다. 짙은 염색이나 화려한 웨이브는 삼가는 것이 좋다.

하지만 은은하게 밝은 염색은 부드러운 인상을 준다. 일반적으로 단발머리나 커트 머리가 유리하며, 파마머리보다 생머리가 낫다는 것이 인사관리자들의 조언이다.

② 메이크업 스타일

면접과 관련해서 가장 적합한 화장법은 무엇보다 참신하고 자연스러움일 것이다. 면접관에게 신뢰감을 줄 수 있는 화장법을 알아보자. 자연스러운 메이크업의 비결은 우선 깨끗한 피부 톤을 연출하는 것. 살색이나 베이지색의 기본 베이스를 바르거나, 피부타입에 맞는 색상을 선택해 컨트롤 베이스를 발라준다.

면접 메이크업의 가장 주의할 점은 또렷해 보이면서도 지나치게 화려한 느낌을 주지 않는 것. 자연스러우면서도 당당하고 똑똑한 이미지를 주는 것이 중요하다.

눈썹은 너무 진하게 그리면 고집이 세어 보이고 거부감을 줄 수 있으므로 회갈색 브러시나 펜슬로 여러 번 그려주는 것이 자연스럽다. 아이섀도는 펄이 들어가지 않는 것을 선택해 너무 진하지 않도록 자연스럽게 터치하는 것이 좋다. 지적인 면을 강조하고 싶다면 브라운 계열을, 화사하게 연출하고 싶다면 옅은 핑크 톤으로 하는 것이 좋다.

③ 면접 시 피해야 할 화장법

- 마스카라를 너무 많이 바르는 화장
- 립글로스를 평소 때처럼 입술의 윤곽 없이 그냥 자연스럽게 바르는 것
- 귀여운 인상을 주기 위한 핑크빛의 과도한 볼터치
- 과도하게 선명한 레드나 와인 빛의 립스틱 컬러(항공 승무원은 예외)
- 작은 눈을 감추기 위한 진하고 두꺼운 아이라인
- 진한 입술 라인과 연한 립글로스를 발라 진한 입술선만 남도록 하는 화장법

④ 옷차림 스타일

단아하면서도 클래식한 느낌을 주는 블랙, 감청, 베이지 계열이나 회색 계열의 투피스 정장 또는 슬래스 정장이 가장 무난하다. 노출이 심하거나 원색의 정장은 거부감을 줄 수 있으므로 피하는 것이 좋다.

기본적이면서 너무 유행을 타지 않는 스타일을 고르는 것이 좋다. 활동적이고 당당한 이미지를 연출해내고 싶다면 바지 정장도 좋다. 바지의 통은 너무 넓은 것보다 몸에 적당히 붙어 활동하기 편한 것이 적극적인 여성으로 보여진다. 전체적인 옷차림의 색상 조화는 3가지를 넘지 않는 것이 좋다.

3. 지원하는 회사의 성격을 파악하라!

본인이 지원한 회사의 성격을 파악하는 것이 중요하다. 본인이 지원한 회사가 대기업의 사무직종이라면 무엇보다 신뢰감을 주는 것이 중요하다. 중소기업이나 벤처기업이라면 진취적이고 적극적인 느낌을 줄 수 있는 색상의 옷을 입는 것이 좋다. 튀지 않으면서 부드럽게 밝은 색상의 옷이 좋을 것 같다. 옷의 스타일과 색상에 신경을 쓴 나머지 머리모양과 구두에 소홀해서는 안 된다.

4. 지원 분야별 옷차림

회사의 성격과 지원업무부서의 성격에 어울리는 패션전략이 필요하다. 구체적인 면접대비 옷차림 법에 관하여 살펴보자.

(1) 대기업 면접

신뢰감을 줄 수 있는 옷차림이 중요하다. 일반적으로 대기업의 기업문화는 조직의 일원으로서 상호간의 조화로움 속에서 개인의 능력발휘를 중요시한다. 그러므로 너무 독창적으로 돋보이는 옷차림은 좋지 않다. 자칫 개성이 뛰어나 조직에 융화를 못할지도 모른다는 인상을 주게 될 수도 있다.

지적인 이미지의 감청색 정장에 화이트(white)나 블루(blue) 계열의 셔츠가 좋다. 넥타이는 문양이 화려하여 시선을 교란하는 것은 피하는 것이 좋다. 정장의 색상에 따라 감청색이나 블루, 회색 계열이 좋으며, 사선으로 스트라이프(stripe)가 들어가 있는 것도 무난하다.

(2) 증권, 금융계 면접

금융계통 업종의 면접은 보다 깊은 신뢰감과 지적인 면을 중요시한다. 지적이면서 신뢰감을 줄 수 있는 감청색, 회색 싱글 정장에 무니 없는 단색 또는 흰색 셔츠가 무난하며, 머리는 단정하게 빗어 올리는 것이 좋다.

(3) 광고 디자인계 면접

예술적인 창조력을 중시하는 업종이라면 개인의 독창성과 개성을 돋보이게 하는 옷차림도 괜찮다. 정해진 룰은 없지만, 센스 있는 옷차림과 색상의 조화는 개인에 따라 차이가 있겠지만 드라마나 패션 잡지의 트랜디한 옷차림을 참고하는 것도 좋다.

(4) 세일즈 & 마케팅

활동적이고 대인관계에 있어서의 능력을 중요시하는 세일즈 & 마케팅 부서는 진취적이고 활동적인 이미지를 창출하는 것이 중요하다. 카키 계열 색상의 복장은 부드럽고 신뢰감 있는 느낌을 준다. 흰색보다는 블루나, 베이지 계열의 셔츠가 좋으며, 붉은 색이나 밝은 청색 계열의 넥타이로 코디하면 전체적인 조화와 통일감을 주어 안정감 있게 보인다. 또한 깔끔한 네이비색 정장에 흰색 또는 푸른색 셔츠를 받쳐 입을 땐 진한 군청색 타이를 매면 전체가 푸른색으로 통일되면서 '톤 온 톤'의 세련된 옷차림이 완성된다.

■ (미래 유망직업) 매너 컨설턴트 – 직종 · 직책에 맞춤식 매너를

"사람들이 내면에 가지고 있는 긍정적인 자질과 장점을 잘 표현할 수 있도록 길잡이 역할을 한다고 할까요. 궁극적으로는 개인의 가치를 높여주는 일이라고 할 수 있습니다." 국제매너센터(www.mannercenter.co.kr)의 전임 강사로 활동 중인 박경아 (34)씨가 자신의 직업인 매너 컨설턴트에 대해 내린 정의다. 좀더 구체화시킨다면 특정 직업에 종사하는 사람에게 필요한 예절과 마음가짐 등을 맞춤식으로 가르치는 일이다.

국내에 매너 컨설턴트라는 직업이 처음 등장한 시기는 대략 1990년대 중반이다. 당시 기업들 사이에 이른바 '고객만족경영'이 붐을 타기 시작하면서 임직원의 마인드를 바꿀 교육의 적임자로 매너 컨설턴트들이 주목받기 시작한 것이다. "엇비슷한 상품과 서비스가 경쟁하는 시장에서 기업의 경쟁력은 결국 '휴먼웨어'(human-ware, 인적 자산)로 판가름나는 시대가 왔죠. 비단 기업뿐 아니라, 개인들도 마찬가집니다. 사업가나 공인들처럼 사람들을 자주 만나는 직업인들은 자기를 어떻게 표현하느냐에 따라 성패가 좌우될 수 있습니다."

■ 사람에 대한 애정과 노력이 수반돼야!

박씨는 매너 컨설턴트의 고객층이 거의 모든 계층으로 확산되고 있다고 전한다. 과거에는 기업체나 정부기관 등에서 단체교육을 주로 맡겼다면 요즘에는 전문직 종사자나 자영업자 등도 개별적인 매너 컨설팅을 자주 의뢰해 온다는 것이다. 때문에 매너 컨설턴트의 미래 전망도 아주 밝은 편이라고.

현재 국내에서 활동 중인 매너 컨설턴트는 대략 3,000명 선이다. 이들 대부분은 국제매너센터와 같은 민간 기관에 개설된 4개월짜리 교육과정을 거쳐서 배출됐다. 문호도 누구에게나 활짝 열려 있다. 하지만 아무나 성공할 수 있는 것은 아니다. 철저한 프로 의식을 가져야 인정받는 매너 컨설턴트가 될 수 있다.

박씨는 항공기 승무원으로 5년간 일하면서 몸에 밴 매너와 마음가짐이 지금 하는 일에 큰 자산이 된 경우다. 물론 매너 컨설턴트로 입문한 이후에도 끊임없이 자기관리를 해왔다. 그는 타인을 무시하는 태도를 갖거나 자만심에 빠지는 것을 가장 경계한다. 사람에 대한 애정과 노력이 없는 매너 컨설턴트는 고객을 진정으로 변화시킬 수 없다고 믿기 때문이다.

"항상 흐트러지지 않은 모습을 보여야 하기 때문에 솔직히 심신이 고달플 때도 있어요. 하지만 고객 한 분, 한 분이 조금씩 긍정적인 방향으로 변해가는 모습을 볼 때 느끼는 보람 덕택에 직업적인 스트레스를 이겨내죠."

박씨는 앞으로 도전할 목표도 밝혔다. 서양의 관습에서 발전해 온 매너에 동양의 '예'(禮)를 접목시킨다는 계획이다. 글로벌 시대인 만큼 매너의 내용과 형식도 달라질 것이라는 확신이 동기가 됐다. 안주하지 않는 그의 모습에서 진정한 프로의 향기가 느껴진다.

성공하는 리더의
글로벌 매너

부록

1. 면접에서 자기소개하기 요령

면접에 대한 응시자들의 얘기를 들어보면 "자기소개를 해보라"는 질문이 가장 어렵다고 합니다. 면접관들은 응시자들이 문을 열고 들어오는 순간 '어~ 저 응시자?!!'라며 한눈에 감이 온다고 하지요. 그리고선 자기소개를 시키고 그에 대한 대답을 들으면 거의 평가가 끝난다고 합니다. 응시자들이 가장 어려워하는 질문에 대한 대답을 들으면서 평가가 거의 일단락지어지다니… 재미있는 상황이죠? 자기소개가 그만큼 중요하다는 뜻입니다.

한 가지 추가해서 말하자면, 기업에서는 문서에 두 줄로 찍찍 지우는 것을 상당히 꺼려합니다. 상사에게 보고하면 "이거 왜 지웠어?" 게다가 두 줄로 지운 곳에는 담당자의 도장도 찍혀 있어야 합니다. 이 일이 면접에서는 적용이 안 될까요? 말하나 마나한 이야기이죠.

즉, 처음 평가를 하고 나면 웬만해선 평가를 지우고 다시 평가하지 않습니다. 특별한 경우가 아니면 '에이, 3점이나 4점이나… 내버려 둬'(5점만점). 그렇다면, 처음 질문인 자기소개를 할 때 아주 좋은 평가를 받아야겠죠? 그래야 합니다!!!

이제부터 면접에서 자기소개를 어떻게 해야 하는지 4단계로 나누어서 생각해 보겠습니다.

■ 자기소개하기 4단계

Pre-step : **지원분야와 자신과의 교집합 부분을 찾는다.**

지원분야 : 인재상, 업무특징 등

자 신 : 장점, 특기, 경험 등

1 Step. 첫 문장 만들기

• 위의 교집합 부분에 맞는 자신의 인상적인 별명이나 수식어를 작성한다.

• 선택한 별명이나 수식어가 캐릭터류일 때는 면접관이 잘 알고 있는 내용이어
 야 한다.

  예) 신바람 이박사 아무개입니다.

2 Step. 별명이나 수식에 걸맞은 근거 밝히기

• 가능한 한 별명이나 수식어의 특징이 드러나는 사례 위주로 말한다.

• 근거가 없으면 수식어가 설득력을 잃는다.

• 근거는 곧 응시자의 장점이나 특기로 비춰질 것이다.

3 Step. 밝힌 근거가 회사에 어떻게 쓰일지에 대한 적용 및 비전제시

• 첫 문장을 지원분야와 자신과의 교집합 부분에서 뽑아냈기 때문에 그에 대한
 근거 역시 지원분야에 적용시킬 수 있다.

4 Step. 끝인사-포부

• 앞 단계에서 지원분야에 적용했기 때문에 포부로 끝내는 것이 말하기 편하다.
 양괄식의 개념으로 첫 문장에 다루었던 별명이나 수식어를 사용하여 마무리짓
 는 것도 좋다.

4단계가 적용된 예를 들어 자기소개를 해보면 다음과 같습니다.

콩나물을 기르는 물과 같은 사람, 아무개입니다(1 Step). 콩을 그냥 두면 콩 자체로 머물지만, 콩에 물을 주면 콩나물로 성장합니다. 저도 이와 같이 사람을 성장시키는 교육을 많이 경험해 보았습니다. 군대에서는 교육장교로 있었고, 교회에서는 현재 주일학교 교사를 하고 있습니다. 교육장교로 있을 때는 학습자인 병사의 입장에서 쉽게 이해할 수 있도록 교육을 구성했습니다. 예를 들면, 보병과 의무병이 같이 다니는 이유를 PC게임인 '스타크래프트'의 전술로 설명하여 병사들의 이해력을 높였습니다. 아무리 교육내용이 우수해도 학습자가 이해하지 못한다면 교육의 성과가 저조할 것입니다(2 Step). 학습자를 고려하여 교육을 구성하는 저의 성향이 A사의 교육팀에서 우수한 교육을 구성하는 데 많은 도움이 되리라 생각합니다(3 Step). 저는 A사 교육팀에서 콩나물을 기르는 물과 같은 사람이 되고 싶습니다(4 Step).

■ 단계적으로 말할 때의 효과

1. 이미지화시켰기 때문에 인상을 깊게 남길 수 있다.

2. 별명/수식어의 특성이 응시자에게 투영된다.(∴교집합이 중요!− 교육팀의 실무담당자가 위의 응시자를 보며 '콩나물을 기르는 물'이라는 인상을 갖는다면 효과적이다!)

3. 내용이 간결하고 명쾌하게 구성된다. −산만해지지 않는다.

4. '이 응시자가 과연 지원분야에서 일을 잘할까?'라고 고민하는 면접관에게 어느 정도 해결의 실마리와 기대를 심어준다.

2. 영문이력서 작성하기

영문이력서를 제출하기 위해서는 반드시 자기소개서에 해당하는 Cover letter가 첨부되어야 하며, 보통의 경우 한 장을 넘기지 않는 것이 좋다.

① Cover letter 작성의 예

Gildong Hong
#511 Hyundai APT, Gil-dong 1124-1,
Il San-Gu, Go Yang City, Kyunggi-Do
411-816
(Cell phone) : 010-000-0000
Sept. 1. 2005 (날짜)

지원자의 주소와 전화번호를 적는다

Job Title
Company
Street
City, State Zip

지원하는 회사의 주소를 적는다

Dear Mr. Name : (지원하는 회사의 담당 부서장의 이름을 넣거나 To whom it may concern : 이라 적어 넣는다)

My proven track record of successfully performing complex analyses on various corporations makes me an ideal candidate for the Analyst opportunity that you listed through the Name University Career Services Office.

You specify that you are looking for someone with leadership, quantitative, analytical and communication skills. Last summer, I was given the opportunity to intern at First Real Estate Corporation. I worked within the Real Estate Finance Group, and assisted staff with problems arising from the misinterpretation of leases to miscalculation of rent schedules.

As a result, I played an active role within the group and helped them to solve these issues. This process involved using the quantitative and analytical skills that I acquired through actively participating in coursework for my Business-Economics major.

My ability to work well as part of team also related to my success within this group. These attributes, combined with my enthusiasm to learn, were essential to my contributions and success during this internship.

I believe that I can apply the same skills within my internship last summer to a position within your company. I look forward to discussing the position with you in more detail. I will call next week to see if you agree that my qualifications seem to be a match for the position. If so, I hope to schedule an interview at a mutually convenient time. Thank you for your consideration.

Sincerely,

Signature(반드시 본인의 자필 사인을 한다)

Gildong Hong

② 영문이력서 작성의 예

Sample Chronological Resume

JOHN T. MILLEDGE
Jtm@arches.uga.edu

Campus Address   Home Address
120 North Bulldog Avenue   325 Sunview
Drive
Athens, GA 30602   Atlanta, GA
30363
(706) 548-7854   (404) 659-5840

OBJECTIVE   [Unless you can make it specific, do not use]

EDUCATION   Bachelor of Arts in Journalism, May 2001
                   The University of Georgia, Athens, Georgia
                   Overall GPA: 3.4/4.0
                   Financed 60% of college expenses.

SKILLS   Computer: WordPerfect, Lotus 1-2-3
                   Language: Fluent in Spanish

WORK   Sales Representative, Diamond Trucking Company
EXPERIENCE   Atlanta, GA, June 19xx-August 200x
                   • Successful in developing new accounts by means of cold calling.
                   • Generated five new accounts for company.

                   Sales Clerk, Radio Shack
                   Atlanta, GA, May 19xx-August 19xx
                   • Assisted customers in purchases of personal computer systems.
                   • Controlled cash flow.
                   • Assisted in bookkeeping.

                   Tennis Assistant, Athens Country Club
                   Athens, GA, April 19xx-September 19xx
                   • Generated equipment and clothing sales.
                   • Coordinated court scheduling.
                   • Assisted in tournament planning.

HONORS AND   Programming Chairperson, International Association of Business
                   Communicators
ACTIVITIES   Secretary/Pledge Trainer, Beta Alpha Lambda Social Fraternity
                   Judicial Council
                   Intramural Tennis

INTERESTS   Tennis, current events, scuba diving, music.

REFERENCES   Available upon request.

3. 해외여행자가 알아야 할 면세품목 및 반입물건

(1) 면세물품

① 기본 면세물품

- 양주 1리터 이하
- 담배 10갑이하
- 향수 2온스 이하
- 기타 외국에서 구입하였거나 선물로 받은 물품의 합계액이 30만원 이하일 경우

② 여행자의 휴대품, 별송품

- 여행자의 휴대품, 별송품으로서 여행자의 입국사유, 체제기간, 직업 기타의 사정을 고려하여 총리령이 정하는 기준에 따라 세관장이 타당하다고 인정하는 물품(관세법 30조 12호)
- 여행자가 휴대품을 관세통로, 운수기관에서 소비 또는 사용하는 경우(관세법 147조 2호)

③ 기타 면세물품

- 국가기관 또는 지방자치단체에 기증된 물품으로서, 공용으로 사용할 물품. 다만, 총리령이 정하는 물품은 제외한다.
- 정부가 수입하는 군수품(정부의 위탁을 받아 정부이외의 자가 수입하는 경우를 포함한다) 및 국가원수의 경호용으로 사용할 물품. 다만, 총리령이 정하는 물품을 제외한다.
- 우리나라를 방문하는 외국의 원수와 그 가족 및 수행원에 속하는 물품.
- 우리나라의 거주자에게 수여된 훈장, 기장 또는 이에 준하는 표창품 및 상패.
- 기록문서 등 기타의 서류
- 외국에 주재하는 국군 또는 주재공관으로부터 반환된 공용품

- 우리나라의 선박 또는 기타 운수기관이 조난으로 인하여 해체된 경우의 그 해체제 및 장비품.
- 체신부 장관이 국가안전 보호상 긴요하다고 인정하여 수입하는 비상 통신용 및 전파관리용 물품.
- 정부가 직접 수입하는 간행물, 레코드, 녹음된 테이프, 기록된 슬라이드, 촬영된 필름 기타 이와 유사한 물품 및 자료.
- 우리나라로 거주를 이전하기 위하여 입국하는 자가 입국할 때 들여오는 이주물품으로서 거주이전 사유, 거주기간, 직업, 가족 수, 기타 사정을 고려하여 총리령이 정하는 기준에 따라 세관장이 타당하다고 인정하는 물품.
- 상용 견품 또는 광고용품으로 총리령이 정하는 물품
- 우리나라 수출물품의 품질, 규격, 안전도 등이 수입국의 권한있는 기관이 정하는 조건에 적합한 것임을 표시하는 수출물품 첨부용 증표로서 총리령이 정하는 물품
- 우리나라의 선박 또는 항공기가 해외에서 사고로 인하여 발생한 피해를 복구하기 위하여 외국의 보험회사 또는 외국의 가해자의 부담으로 행하는 수리부분 및 매매계약상의 하자보수 보증기간 중에 외국에서 발생한 고장에 대하여 외국의 매도인의 부담으로 행하는 수리부분에 해당하는 물품.
- 담배 소비세가 부과되는 제조 담배.
- 국가 또는 지방자치단체장(이들이 설립하였거나 출자한 법인을 포함한다)이 환경오염(소음, 진동을 포함한다)의 측정 또는 분석을 위하여 수입하는 기계, 기국 중 총리령이 정하는 물품.
- 상수도 수질의 측정 또는 보전 향상을 위하여 국가 또는 지방자치단체(이들이 설립하였거나 출자한 법인을 포함한다)가 수입하는 물품으로서 총리령이 정하는 물품.
- 국정원장 또는 그 위임을 받은 자가 국가안전보장목적 수행상 긴요하다고 인정하여 수입하는 물품.
- 정부와의 사업계약을 수행하기 위하여 외국 계약자가 계약조건에 따라 수입하는 업무용품.

- 국제기구 또는 외국 정부로부터 정부에 파견된 고문관, 기술단원 기타 총리령이 정하는 자가 직접 사용할 물품.

(2) 반입 금지품

① 수출입 금지

- 국헌을 문란하게 하거나 공안 또는 풍속을 해할 서적, 간행물, 도서, 영화, 음란 비디오물, 조각물 기타 이에 준하는 물품
- 정부의 기밀을 누설하거나 첩보에 공하는 물품
- 화폐, 지폐, 은행권, 채권 기타 유가증권의 위조품, 변조품 또는 모조품

② 지적재산권 보호

- 상표법에 의하여 등록된 상표권을 침해하는 물품은 수출 또는 수입할 수 없다.

③ 통관 물품 및 통관절차의 제한

- 관세청장 또는 세관장은 감시상 필요하다고 인정할 때에는 통관역 및 통관장 또는 특정한 세관에서 통관할 수 있는 물품을 제한할 수 있다.

(3) 과세 통관물품

① 신고대상 물품을 소지한 경우

이때 신고대상 물품이란,

- 면세범위를 초과하는 물품(해외 취득 30만원 초과 물품)
- 판매할 것으로 인정되는 물품
- 미화 5,000달러 이상

② **여행자 휴대품으로 볼 수 없는 물품**

접시형 안테나, 냉장고, 칼라 TV, 음향기기, 석유난로, 가스테이블, 석유곤로, 선풍기, 전기밥솥, 자동차 부속품 등

③ **과세비율**

- 여행자 또는 외국에 왕래하는 운수기관의 승무원이 수입하는 물품은 다른 법령의 규정에도 불구하고 간이세율을 적용한다.
- 해외 총 취득가격이 40만원 이하일 경우(30만원 이하는 면세) 30% 적용
- 해외 총 취득가격이 40만원을 초과할 경우 50% 적용

④ **반송불허**

- 국내 거주자의 휴대품 중 통관이 불허된 물품은 반송도 허용되지 아니한다.
- 과세통관 대상물품이라도 상품화될 것으로 인정되는 물품은 반송도 허용되지 아니한다.
- 빈번 입국자 및 과다 반입자가 유치한 물품을 반송할 때에는 탁송, 반송하여야 한다.

⑤ **공직자 반입물품**

- 공직자의 휴대품은 일반 여행자와 별도로 공직자 지정 검사대에서 검사를 받게 된다.
- 양주, 양담배는 면세범위 내라 하더라도 통관되지 않는다.
- 해외에서 공적으로 기증받은 선물(미화 100달러, 또는 10만원 이상)은 반드시 신고해야 한다.

(4) 각 나라들의 입국시 면세물품

① 미국

세금없이 가지고 들어갈 수 있는 물품의 한도는 자신이 가지고 온 짐, 판매를 목적으로 하지 않는 물건 외에 선물할 물건은 한 사람당 $100까지 면세된다. 위스키류는 1병, 담배는 200개비까지이다. 그러나 면세물품은 수시로 법이 바뀐다는 사실을 알아둬야 한다.

② 태국

태국에 면세로 갖고 들어갈 수 있는 것은 담배 200개비, 술 한병, 카메라 1대(필름 5통), 비디오 카메라 1대(필름 3통)이다.

③ 인도

- 면세로 가지고 들어갈 수 있는 물건 : 담배 20갑(20개비 포장), 엽궐련 50개비, 잎담배 250g, 술 1병, 일용품과 의약품 등 상시적인 범위를 넘지 않는 여행용품
- 입국시 신고해야 할 품목 : 카메라 1대(신고하면 2대까지 가능), 8mm, 16mm 카메라 1대, 비디오 카메라.
- 녹음기, 오디오, 라디오 등 각 1대씩
- 미화 1만달러 이상의 화폐

④ 싱가포르

방문객의 경우, 주류 1리터, 개인용 향수 등은 무관세이다. 그러나 담배류는 면세로 통과되지 않으므로 구입하지 않는 것이 좋다. 또한 자유무역항인 싱가포르는 입국자가 면세품을 사도 아무 문제가 없다.

4. 국제운전면허 발급절차와 방법

우리나라에서 자동차 운전면허를 받은 사람이 국외에서 운전하기 위하여 국제협약에 의한 국제운전면허증을 교부받고자 하는 때에는 지방경찰청장에게 신고하여야 한다(도로법 제82조 제1항). 이 신청을 받은 지방경찰청장은 국외 출국사실을 학인한 후 지체 없이 국제운전면허증을 교부하여야 한다. 지방경찰청장이 국제운전면허증을 교부하는 때에는 자동차운전 면허대장과 국제운전면허 발급대장에 각각 이를 기재하여야 한다. 이때 국제운전면허증의 유효기간은 교부받은 날로부터 1년으로 하고, 국내 운전면허의 효력이 없어지거나 취소된 때에는 국제운전면허증이 효력도 없어진다. 따라서 국제운전면허증은 이를 교부받은 사람의 국내운전면허 효력이 정지된 때에는 그 정지기간 중 효력이 정지된다(도로법 제82조 제4항). 즉 국내 운전면허증의 효력도 취소, 정지된다.

- 발급기관 : 각 지방경찰청 면허시험장
- 제작발급 : 신청당일
- 소요시간 : 약 3시간
- 소요경비 : 수수료 5,000

[구비서류]

- 국제운전 면허교부신청서(면허시험장 양식)
- 국내운전 면허증
- 여권용 사진 1매
- 주민등록증, 도장

저자약력

김미자

_학력
- 경기대학교 대학원 관광경영학과 졸업(박사)
- 경기대학교 대학원 관광경영학과 졸업(석사)
- Johnson & Wales University 연수
- The Culinary Institute of America 연수
- 北京語言文化大學 연수

_경력
- 디지털서울문화예술대학교 호텔조리외식경영학과 교수
- 디지털서울문화예술대학교 관광학부장 역임
- 디지털서울문화예술대학교 대외협력처장 역임
- 국가식품클러스터 자문위원
- (사)한국외식경영학회 부회장
- (사)한국조리학회 부회장
- (사)한국관광연구학회 부회장
- 국민건강보호위원회 식품건강분과 위원
- 농림축산식품부 농정원 평가위원
- 서울특별시 심사위원
- 광진구 심사위원
- 광주 김치문화축제 요리대회 심사위원
- 국회 최고위원 자문위원
- 서울 서대문구 여친협의체 회장
- 서울 서대문 정책기획 자문위원
- 미국 내 한국음식요리 경연대회 심사위원
- 문화체육관광부 장관상 표창
- 보건복지부 장관상 표창
- 농림축산식품부 장관상 표창
- 한국조리사회중앙회 최우수지도자상 수상
- 한·이스라엘 여성협회 부회장
- 식생활교육학회 부회장
- 서울 YWCA 이사
- 한국관광학회 정회원
- 세계음식관광박람회 운영위원
- 경희대학교 대학원 강의
- 경기대학교 대학원 강의
- 한국관광공사 특강
- 외식업중앙회 교육원 특강
- 한국여성농업인 중앙연합회 특강

_저서
- 성공하는 리더의 글로벌 매너(백산출판사)
- 칵테일의 모든 것(백산출판사)
- 관광축제이벤트론(학문사)
- 중국관광객의 호텔·레스토랑 메뉴평가에 관한 연구 등 다수

저자와의
합의하에
인지첩부
생략

성공하는 리더의 글로벌 매너

2006년 9월 25일 초   판 1쇄 발행
2019년 10월 15일 개정증보2판 1쇄 발행

지은이 김미자
펴낸이 진욱상
펴낸곳 백산출판사
교 정 편집부
본문디자인 오행복
표지디자인 오정은

등 록 1974년 1월 9일 제406-1974-000001호
주 소 경기도 파주시 회동길 370(백산빌딩 3층)
전 화 02-914-1621(代)
팩 스 031-955-9911
이메일 edit@ibaeksan.kr
홈페이지 www.ibaeksan.kr

ISBN 979-11-5763-746-1   03190
값 15,000원